SANTO SUBITO

SANTO SUBITO

Tajemnice świętości Jana Pawła II

Tłumaczenie z języka włoskiego
Katarzyna Kubis

2009 © Edizioni Piemme Spa,
Via Tiziano 32, 20145 Milano – Italia

Tytuł oryginału włoskiego
SANTO SUBITO

Redakcja i korekta
Agata Chadzińska
Anna Kendziak
Agata Pindel-Witek

Zdjęcie na okładce
Agencja East News

Projekt okładki
Łukasz Kosek

Opracowanie graficzne i skład
Andrzej Witek

ISBN 978-83-7569-161-0 (oprawa miękka)
ISBN 978-83-7569-162-7 (oprawa twarda)

© 2010 Dom Wydawniczy RAFAEL
ul. Ostatnia 1c, 31-444 Kraków
tel./fax: 12 411 14 52
e-mail: rafael@rafael.pl
www.rafael.pl

*Książkę tę poświęcam pamięci
Orazia Petrosillo
– kolegi, przyjaciela i mistrza*

Pamiętny 16 października...

Paweł VI był pierwszym papieżem, którego zobaczyłem na własne oczy w Rzymie w 1976 roku, kiedy miałem dwanaście lat. W sierpniu 1978 roku przebywałem w Falcade, niedaleko Valle Agordina w prowincji Belluno, w starym górskim domu, który moi rodzice wyremontowali wspólnie z innymi krewnymi. Wiadomość o agonii Pawła VI nadeszła nieoczekiwanie. Pamiętam, że leżałem już w łóżku, kiedy tata przyszedł powiedzieć mnie i mojemu bratu, że Ojciec Święty nie żyje. Byłem jeszcze w Falcade, zaledwie kilka kilometrów odległym od Canale d'Agordo, rodzinnej miejscowości kard. Albina Lucianiego, kiedy po południu 26 sierpnia został on wybrany nowym papieżem, który przyjął imię Jan Paweł I. Pamiętam bardzo dobrze tamte dni, ponieważ wszyscy mówili o kard. Lucianim. Proboszcz z Falcade był jego kolegą z seminarium, a staruszka, do której co wieczór chodziliśmy z bratem i kuzynami po świeżo udojone mleko, znała go, bo wiele lat temu często nosiła mleko i sery do seminarium.

Dzień po wyborze Jana Pawła I pojechaliśmy z krewnymi do Canale d'Agordo, aby zobaczyć rodzinny dom nowego papieża, trzeciego po św. Piusie X i bł. Janie XXIII patriarchy Wenecji, który wstępował na Stolicę Piotrową. Było tam mnóstwo ludzi. Ciekawscy podchodzili i zabierali na pamiątkę szczapkę drewna, które brat Papieża, Edoardo Luciani, zebrał na zimę. Zapas drewna skończył się więc przedwcześnie zmieniony w przygodny souvenir.

Pamiętam także jak dziś gorący wrzesień tamtego roku, który częściowo spędziłem u przyjaciół rodziny w Todi, w Umbrii. Oglądałem w telewizji programy o Ojcu Świętym, jego środowe katechezy, tak proste i poruszające. Potem, rankiem 29 września, kiedy jedliśmy śniadanie, radio podało wstrząsającą nowinę: Jana Pawła I znaleziono martwego w jego sypialni. Stał on na czele Kościoła tylko przez trzydzieści trzy dni, umiał jednak przemówić do serc tak wierzących, jak i niewierzących.

Minął zaledwie miesiąc od konklawe, a znów powtarzał się rytuał ogólnego zgromadzenia kardynałów i wskazywania przez gazety kolejnych *papabili* (czyli prawdopodobnych papieży). Tym razem jednak towarzyszył mu smutek z powodu tyleż nieodżałowanego, co nieoczekiwanego odejścia „Papieża uśmiechu". *Magis ostensus quam datus*

(„Raczej pokazany niż dany") – powie o nim jego wielki następca.

Wreszcie wakacje się skończyły, wróciłem do szkoły, ale nadal z wielką uwagą śledziłem to, co działo się w Watykanie. Czytałem gazety, oglądałem wiadomości w telewizji. Właśnie w tym czasie rodzice mieli kupić pierwszy kolorowy telewizor. Nasz stary wielki beżowy telewizor był już wtedy zepsuty. Oglądaliśmy więc wszyscy wiadomości w pokoju należącym do mnie i mojego brata, gdzie stał mały czarno-biały odbiornik w plastikowej pomarańczowej obudowie, wzorcowy przedstawiciel stylu lat siedemdziesiątych, tyleż szczęśliwa, co rzadka wygrana w parafialnej loterii. To właśnie na tym malutkim ekranie późnym popołudniem 16 października zobaczyłem, jak kardynał protodiakon Pericle Felici obwieszcza imię i nazwisko elekta. Widok kard. Feliciego w tych jego ogromnych kwadratowych okularach był mi już znajomy. Tamtego wieczoru wypowiedział rytualne zdanie: *Annuntio Vobis gaudium magnum: habemus Papam. Eminentissimum ac reverendissimum dominum, Dominum Carolum, Sanctae Romanae Ecclesiae Cardinale Wojtyła* („Zwiastuję wam radość wielką: mamy papieża. Najdostojniejszego i Najprzewielebniejszego Pana Kościoła Świętego, Kardynała Karola Wojtyłę"). Kardynał Felici, rzymianin z krwi i kości, zasięgnął dokładnej informacji na temat wymowy nazwiska nowego papieża i wyskandował: „Uoi-ti-ua". Pamiętam, że zawołałem tak jak wielu innych: „Wybrali papieża z Afryki!". Myliłem się jednak. Telewizja Rai natychmiast pokazała zdjęcie krakowskiego arcybiskupa. Nie wyglądał na swoje pięćdziesiąt osiem lat. Nie znałem go wcześniej. Chociaż miałem na półce kilka numerów czasopisma „Cseo", opowiadającego o losach chrześcijan za żelazną kurtyną, to nigdy tam o nim nie wspomniano. Był jednak we włoskiej telewizji ktoś, kto go znał, a nawet zrobił z nim wywiad. Dziennikarz Bruno Vespa parę miesięcy wcześniej przygotowywał program o krajach socjalistycznych i przeprowadził rozmowę właśnie z kard. Wojtyłą.

Tym, co tamtego wieczoru uderzyło mnie najbardziej, było zachowanie nowego papieża, poczynając od jego postawy, od sposobu, w jaki pozdrawiał ludzi stłoczonych na placu św. Piotra. W pewnej chwili obiema rękami oparł się na balustradzie loggii. Nie było w nim nic księżowskiego, żadnej wystudiowanej hieratycznej pozy. Nie był też onieśmielony, ale wydawał się w pełni nad sobą panować. Postanowił przemówić, jakby czuł się w obowiązku usprawiedliwić przed rzymianami, swoimi nowymi diecezjanami, fakt wyboru właśnie jego, Polaka przybyłego – jak sam powiedział – „z dalekiego kraju". W obrzędzie pierwszego błogosławieństwa *Urbi et Orbi* zaraz po wyborze papieża nie przewiduje się, aby zwracał się on do zgromadzonych. Pierwsze oficjalne słowa nowo wybranego Ojca Świętego to orędzie do miasta i świata wypowiadane następnego dnia w Kaplicy

Sykstyńskiej, które jest w pewien sposób programem pontyfikatu. Jednak Jan Paweł II, papież ze Wschodu, czuł potrzebę przedstawienia się. Powiedział, że „czcigodni kardynałowie" wezwali go „z dalekiego kraju". Używając „naszego" języka włoskiego, dodał: „Jeżeli się pomylę, to mnie poprawcie". Fala nieodpartej życzliwości otoczyła tego młodego i nieznanego papieża, który przybył na Stolicę Piotrową zza żelaznej kurtyny.

Rankiem 17 października chciwie czytałem wszystkie gazety, do których udało mi się dotrzeć. Zaskoczenie było powszechne. Wybór Karola Wojtyły po konklawe trwającym trzy dni, z których dwa upłynęły na próbach wybrania Włocha, był całkiem nieoczekiwany. Mieliśmy się dowiedzieć dużo później, że nie była to zupełna niespodzianka. Wielkim elektorem opowiadającym się za kard. Wojtyłą był arcybiskup wiedeński kard. Franz König, a poza tym nowy papież otrzymał kilka głosów już na poprzednim konklawe. Sekretarz Stanu kard. Jean Villot jeszcze za życia Pawła VI podczas obiadu prorokował wybór arcybiskupa krakowskiego, który wiele podróżował i był dobrze znany innym kardynałom.

Tamtego 17 października, kilka godzin po swoim wyborze, Jan Paweł II po raz pierwszy opuścił Watykan, aby udać się do polikliniki Gemelli, w której leżał jego bliski przyjaciel, Polak, bp Andrzej Deskur, zajmujący się w Watykanie środkami społecznego przekazu. Biskup Deskur w przeddzień konklawe przeszedł ciężki wylew, który na zawsze przykuł go do wózka inwalidzkiego. Dopiero co wybrany papież opuścił więc Watykan – dowiedziałem się dopiero wiele lat później, że nie było to wcale nic niezwykłego, ponieważ to samo zrobił Paweł VI, odwiedzając chorego hiszpańskiego kardynała rezydującego przy piazza di Spagna – i znalazł się wśród chorych w szpitalu Gemelli pod czujnym spojrzeniem kamer telewizyjnych. Jan Paweł II, który zgodnie z zaleceniami ceremoniarza zakończył wizytę błogosławieństwem, dał po raz wtóry odczuć ów powiew nowości, jaki wierni odczuli już na placu św. Piotra poprzedniego wieczoru.

Śledziłem z uwagą pierwsze kroki Ojca Świętego, dokumentując je tak, jak byłem wówczas w stanie to robić. Pierwsza msza święta z okrzykiem: „Otwórzcie, otwórzcie na oścież drzwi Chrystusowi!", i passusem, w którym prosił o otwarcie Jezusowi także „granic państw". Wezwanie to nie wszyscy w pełni zrozumieli, ale z pewnością świetnie wiedziało, o czym mowa, moskiewskie Politbiuro. Papież ze Wschodu, z narodu, który doznał męczeństwa w czasie drugiej wojny światowej... Jan Paweł II na własnej skórze doświadczył nazistowskiego terroru. Zabrał mu on żydowskich przyjaciół, z którymi w rodzinnych Wadowicach grywał w piłkę. Poznał również dyktaturę komunistyczną, brak wolności religijnej, pozbawienie pracy jej ludzkiego wymiaru. Pierwszy w historii Kościoła papież

Słowianin, który w swojej osobistej historii wcześniej niż w swoim nauczaniu unaocznił, że Europa powinna oddychać obydwoma płucami, zarówno zachodnim, jak i wschodnim. Wskazał, że Europa, wówczas jeszcze przecięta żelazną kurtyną, została bezmyślnie przełamana na dwie części, rozczłonkowana przez ideologie godzące w ludzką godność.

Pamiętam emocje, które towarzyszyły pierwszej podróży Jana Pawła II w styczniu 1979 roku do Puebli w Meksyku, na sesję Konferencji Episkopatu Ameryki Łacińskiej, i zdjęcia uśmiechniętego, spoconego Papieża w czerwonym słomkowym kapeluszu, którego nigdy potem już nie założył.

Kilka miesięcy później, w sierpniu 1979 roku, Ojciec Święty pojechał do Canale d'Agordo, aby uczcić rocznicę wyboru swojego poprzednika, Jana Pawła I. W towarzystwie patriarchy Wenecji wszedł wówczas na Marmoladę, najwyższy szczyt Dolomitów. Pogoda była fatalna. Lało jak z cebra.

Z rodzicami i kilkoma krewnymi wyruszyliśmy o czwartej rano piechotą z Falcade, aby dojść przez las do Canale d'Agordo. Rzeczywiście, drogi zostały zablokowane i nie dojechalibyśmy tam samochodem. Dotarliśmy na miejsce przemoczeni do suchej nitki. Nie można było się dostać na niewielki ryneczek, gdzie Ojciec Święty miał celebrować mszę świętą. Nie można też było dotrzeć do rodzinnego domu Jana Pawła I, gdzie Papież spotkał się z rodzicami swego poprzednika pełniącego posługę zaledwie trzydzieści trzy dni. Wyszliśmy więc na łąkę, aby z bliska zobaczyć jeepa, którym jechał Jan Paweł II. Staliśmy w strugach deszczu i wydawało się nam, że czas się zatrzymał. Wreszcie pojawił się Papież. Pierwszy raz widziałem go wówczas na własne oczy. Miał na sutannie białą pelerynę, a kamerdyner Angelo Gugel, także pochodzący z Veneto i dobrze znany Janowi Pawłowi I, trzymał nad nim czarny parasol. Zawołaliśmy do Ojca Świętego ze wszystkich sił, jakie nam jeszcze zostały, a on serdecznie nas pozdrowił, uśmiechając się i machając rękami. Uderzył mnie jego młodzieńczy wygląd i niemal filuterny uśmiech.

Ponownie mogłem zobaczyć Jana Pawła II w Rzymie w maju 1984 roku w czasie pierwszego Światowego Dnia Młodzieży. Była tam również Matka Teresa z Kalkuty. Z bliska widziałem go rok później, 17 czerwca 1985 roku, w Wenecji, na Uniwersytecie Ca' Foscari. Z tamtą chwilą wiąże się szczególne wspomnienie. Stałem w pierwszym rzędzie za barierką na niewielkim dziedzińcu uczelni. Ojciec Święty siedział i słuchał przemówienia przedstawiciela studentów, który stawał w obronie wartości świeckich i w gruncie rzeczy prawił mu kazanie. Obserwowałem bacznie Papieża, który spuścił wzrok i wydawał się pogrążony w myślach. W pewnym momencie podniósł oczy i spojrzał na mnie. Bez słowa uniosłem brwi i ramiona, jakby mówiąc: „Co zrobić...". On uśmiechnął się lekko i odpowiedział mi takim samym wyrazem twarzy.

Gdy tylko ożeniłem się, na początku 1992 roku opuściłem region Veneto i przcniosłem się do Rzymu. Pracowałem dla miesięcznika „30 Giorni". Zacząłem zawodowo na stałe zajmować się Watykanem. Mieszkałem za via delle Fornaci, w dzielnicy przylegającej do jego murów. Od tej chwili Jan Paweł II był stale obecny w życiu mojej rodziny. W niedzielę widzieliśmy go, przechodząc, i nieraz mieliśmy okazję go pozdrowić, kiedy wracał samochodem z wizyt duszpasterskich w rzymskich parafiach. 24 stycznia 1994 roku Jan Paweł II przybył na inaugurację nowego Biura Prasowego Stolicy Apostolskiej, w którym sala konferencji prasowych nosiła jego imię. Mogłem wówczas i ja go pozdrowić.

Wreszcie od 1997 roku, począwszy od wizyty Ojca Świętego w Libanie, zacząłem relacjonować dla „Il Giornale" papieskie pielgrzymki, a od 2000 roku, od historycznej podróży do Ziemi Świętej, czyli do Jordanii, Izraela i terytoriów kontrolowanych przez Palestyńczyków, podróżowałem w samolocie z Janem Pawłem II. Była to niezapomniana pielgrzymka i wrócę do niej na następnych stronach. Od tamtego momentu byłem świadkiem wielu epizodów, spotkań i wydarzeń. Dwa z nich dotyczą mnie bezpośrednio. W czerwcu 2001 roku, kiedy wracaliśmy z podróży na Ukrainę, miałem okazję zetknąć się z Papieżem osobiście w samolocie, na krótko przed wylądowaniem. Miałem dać mu egzemplarz mojej książki o Piusie XII. Mimo zmęczenia podróżą

Ojciec Święty przyjął mnie z wielką sympatią i, biorąc do ręki pokaźnych rozmiarów wolumin, zapytał: „Naprawdę tyś to wszystko napisał?". Nie zapomnę jednak nigdy, jak dwa lata później, kiedy Jan Paweł II był już praktycznie przykuty do fotela, uśmiechnął się do mnie i położył mi rękę na czole, kiedy dyrektor Biura Prasowego Stolicy Apostolskiej Joaquin Navarro-Valls powiedział mu, że będę miał trzecie dziecko.

Moje wspomnienia to doprawdy niewiele, jeśli porównać je ze wspomnieniami bardziej doświadczonych (i zdolniejszych) kolegów, którzy towarzyszyli polskiemu papieżowi od początku jego długiego pontyfikatu i wielokrotnie mieli okazję z nim rozmawiać.

Książka, którą czytelnik ma w rękach, jeśli pominie się słowa tego wstępu, nie zawiera wspomnień. Nie jest to także biografia Jana Pawła II ani esej przedstawiający główne aspekty jego posługi jako biskupa Rzymu czy podkreślający jego znaczenie na scenie międzynarodowej, która zmieniła się przecież diametralnie od owego października, kiedy kardynał „z dalekiego kraju" został następcą Jana Pawła I. Nic z tych rzeczy. Ta książka jest przede wszystkim osobistym hołdem złożonym Papieżowi, który naznaczył najistotniejszą część mojego życia. Chciałem przede wszystkim ukazać – czytelnik sam osądzi, z jakim skutkiem – „tajemnicę" Jana Pawła II, czyli jego duchowość, zdolność zatopienia się w Bogu, mistycyzm, głębię modlitwy. Poprzez świadectwa, wydarzenia, anegdoty i zapiski chciałbym wydobyć kilka rysów świętości Jana Pawła II w perspektywie jej oficjalnego uznania przez Kościół, jak również w obliczu głębokiej czci wiernych otaczającej go, szczególnie od chwili śmierci na początku kwietnia 2005 roku.

Tajemnicą Jana Pawła II było z pewnością „ukazanie ludzkiego oblicza Boga". Jest tego pewien ks. Stanisław Dziwisz, jego sekretarz, dziś metropolita krakowski: „Moje doświadczenie pokazuje, że ludzie nie tyle szukali jego, ile osoby Boga, której on był świadkiem. Zdradzę jeszcze jeden sekret – mówi w wywiadzie dla «L'Osservatore Romano». – Nie można zrozumieć Jana Pawła II, nie biorąc pod uwagę modlitwy i jego głębokiej relacji ze słowem Bożym. Nie było w tym żadnej dewocji. Wręcz przeciwnie, wydaje się, że nic nie przychodziło mu z większą naturalnością. Nawet w dzień swego wyboru nie zmienił pod tym względem planu dnia", i dodaje: „Nigdy nie ustawał w poszukiwaniu nowych sposobów głoszenia Chrystusa. Kiedy więc odstępował od protokołu, to nie dlatego, że chciał zyskać popularność, ale szukał zawsze sposobu świadczenia o Bożej miłości".

Powiedziano – moim skromnym zdaniem nie bez pewnej dozy słuszności – że powinno się odczekać pięćdziesiąt lat z rozpoczęciem procesów beatyfikacyjnych papieży. Powiedziano też – również nie bez racji – że w zasadzie papież nie potrzebuje beatyfikacji i kanonizacji, czyli wynoszenia go na piedestał i ukazywania jako przykład i świadectwo, bo w gruncie rzeczy przez sam fakt posługi papieskiej znajdował się na piedestale tak długo, że wszyscy mogli go poznać. Jest jednak także prawdą, że nieustająca pielgrzymka do grobu Jana Pawła II w Grotach Watykańskich i lawina informacji o otrzymanych łaskach napływająca do postulatora procesu beatyfikacyjnego ks. Sławomira Odera świadczy o powszechnym przekonaniu o jego świętości.

Najodpowiedniejszą syntezą wyrażającą to, co pragnie przekazać niniejsza publikacja, są słowa Benedykta XVI, który zgodził się w przypadku swojego poprzednika uchylić regułę stanowiącą, że należy odczekać pięć lat od śmierci, by rozpocząć proces beatyfikacyjny. Wypowiedział je 2 kwietnia 2008 roku, w trzecią rocznicę śmierci Jana Pawła II: „2 kwietnia jest datą, która zapisała się na trwałe w pamięci Kościoła jako dzień odejścia z tego świata sługi Bożego Papieża Jana Pawła II. Ze wzruszeniem przeżywamy na nowo godziny owego sobotniego wieczoru, kiedy wiadomość o śmierci została podana wielkiemu rozmodlonemu tłumowi wypełniającemu plac św. Piotra. Przez wiele dni Bazylika Watykańska i ten plac były prawdziwym sercem świata. Ogromna rzeka pielgrzymów składała hołd doczesnym szczątkom czcigodnego Papieża, a jego pogrzeb był jeszcze jednym dowodem szacunku i miłości, jakie pozyskał w sercach bardzo licznych wierzących i ludzi z wszystkich zakątków ziemi. Podobnie jak przed trzema laty, niedawno obchodziliśmy Wielkanoc. Serce Kościoła jest jeszcze głęboko pogrążone w tajemnicy zmartwychwstania Pana. W rzeczywistości znakiem pozwalającym odczytać całe życie mojego umiłowanego Poprzednika, w szczególności jego posługę Piotrową, jest zmartwychwstały Chrystus. Jego wiara w Niego – mówił Benedykt XVI – była niezwykła, z Nim prowadził wewnętrzną, niezwykłą, nieprzerwaną rozmowę. Pośród jego jakże licznych cnót ludzkich i nadprzyrodzonych była w istocie także ta wyjątkowa wrażliwość duchowa i mistyczna. Wystarczyło mu się przyglądnąć, kiedy się modlił – dosłownie zatapiał się w Bogu, i wydawało się, że nic innego w tych chwilach dla niego nie istniało. W czasie sprawowania liturgii był skupiony na dokonującej-się-tajemnicy, cechowała go nadzwyczajna zdolność odczytywania sensu słowa Bożego w realiach historycznych, na głębokim poziomie Bożego zamysłu. Msza św., jak często mawiał, była dla niego najważniejszym momentem każdego dnia i całego życia. «Żywa i święta» rzeczywistość Eucharystii dawała mu duchową siłę do prowadzenia ludu Bożego drogami historii.

Jan Paweł II – kontynuował Ojciec Święty – zmarł w wigilię II Niedzieli Wielkanocnej, gdy dobiegał końca «dzień, który Pan uczynił». Jego agonia dopełniła się w tym «dniu», w tej nowej «czasoprzestrzeni», jaką jest «dzień ósmy», uczyniony z woli Trójcy Przenajświętszej za sprawą dzieła wcielonego Słowa, Jego śmierci i zmartwychwstania. Papież Jan Paweł II wielokrotnie dawał dowody, że w tym wymiarze duchowym przebywał w jakimś sensie już wcześniej, za życia, a szczególnie gdy pełnił misję następcy Piotra".

Benedykt XVI przypomniał na koniec cierpienie ostatnich lat, kiedy Jan Paweł II był już wyniszczony chorobą: „Kierunek tych wspomnieniowych refleksji wskazują nam odczytane przed chwilą fragmenty biblijne: «Wy się nie bójcie!» (Mt 28,5). Słowa anioła po zmartwychwstaniu, skierowane do kobiet w pobliżu pustego grobu, które przed chwilą słyszeliśmy, od chwili uroczystego rozpoczęcia posługi Piotrowej stały się w ustach Papieża Jana Pawła II swego rodzaju mottem. Powtarzał je wielokrotnie Kościołowi i ludzkości w drodze do roku 2000, podczas przekraczania tej historycznej granicy i potem dalej, w zaraniu trzeciego tysiąclecia. Wypowiadał je zawsze z nieugiętą stanowczością, najpierw potrząsając pastorałem, który wieńczy krzyż, później, kiedy opuszczały go siły fizyczne, mocno się na nim opierając, aż po ów ostatni Wielki Piątek, kiedy uczestniczył w Drodze Krzyżowej w prywatnej kaplicy, obejmując ramionami krzyż. Nie możemy zapomnieć tego ostatniego milczącego świadectwa miłości do Jezusa. Również ten wymowny obraz ludzkiego cierpienia i wiary w ów ostatni Wielki Piątek ukazywał wierzącym i światu sekret całego życia chrześcijańskiego. Jego: «Nie lękajcie się», nie miało podstawy w ludzkich siłach ani osiągniętych sukcesach, lecz jedynie w słowie Bożym, krzyżu i zmartwychwstaniu Chrystusa. W miarę, jak był ogołacany ze wszystkiego, na koniec także z mowy, to zawierzenie Chrystusowi coraz bardziej się uwidoczniało. Jak u Jezusa, również u Jana Pawła II słowa na koniec ustąpiły miejsca ostatecznej ofierze, darowi z siebie. A śmierć przypieczętowała życie całkowicie oddane Chrystusowi, upodobnione do Niego, również fizycznie, poprzez cierpienie i ufne powierzenie się w ręce Ojca niebieskiego. «Pozwólcie mi odejść do Ojca» – takie były, jak zaświadczają ci, którzy byli przy nim, jego ostatnie słowa, wieńczące życie całkowicie poświęcone poznawaniu i kontemplowaniu oblicza Pana".

Nie chciałbym, aby czytelnikowi umknęły słowa wypowiedziane przez następcę Jana Pawła II. Pozwolę więc sobie je podkreślić, dodając kursywę: „Jego wiara w Niego (Chrystusa Zmartwychwstałego – przyp. autora) była niezwykła, *z Nim prowadził wewnętrzną, niezwykłą, nieprzerwaną rozmowę*. Pośród jego jakże licznych cnót ludzkich i *nadprzyrodzonych* była w istocie także ta *wyjątkowa wrażliwość duchowa i mistyczna*. Wystarczyło mu się przyglądnąć, kiedy się modlił – dosłownie zatapiał się w Bogu, i wydawało się, że nic innego w tych chwilach dla niego nie istniało".

Jan Paweł II „rozmawiał" z Jezusem, posiadał nadprzyrodzone cechy i był mistykiem. Taki był jego prawdziwy sekret, tajemnica oczywista, a jednocześnie zazdrośnie strzeżona, która stanowi klucz do zrozumienia jego pontyfikatu i przywiązania do niektórych objawień maryjnych, a także relacji ze świętymi mistykami, takimi jak Ojciec Pio z Pietrelciny.

A.T.

1.
Papież z dalekiego kraju

"Wezwali go z dalekiego kraju...". Uśmiechnięta twarz zdawała się nie zdradzać emocji, ręka mocno trzymała mikrofon, głos był pewny i dźwięczny. Wieczorem 16 października 1978 roku pięćdziesięcioośmioletni Jan Paweł II, stojąc po raz pierwszy na głównej loggii Bazyliki św. Piotra, mówił o nowym polskim papieżu, czyli o sobie samym, w trzeciej osobie: „Czcigodni kardynałowie wezwali go z dalekiego kraju". Elektem był on sam, pierwszy od 1522 roku papież nie-Włoch i pierwszy słowiański papież w historii.

„Jak mnie przyjmą rzymianie? Co powiedzą na papieża z dalekiego kraju?". Tamtego wieczoru, zanim ceremoniarze otwarli drzwi loggii, kard. Karol Wojtyła, który właśnie został Janem Pawłem II, zastanawiał się, w jaki sposób Rzym będzie patrzył na „papieża cudzoziemca po wspaniałych i ważnych pontyfikatach XX wieku". Opowiadał o tym dla „L'Osservatore Romano" jego sekretarz, kard. Stanisław Dziwisz, obecnie metropolita krakowski. „Zwierzył mi się ze swojego niepokoju o reakcję Rzymu, kiedy tylko mogłem zbliżyć się do niego, z trudem opanowując emocje, gdyż po raz pierwszy widziałem go w białej sutannie. Powiedział mi też, że gdy tylko stanął przed tłumem, nabrał otuchy, ponieważ poczuł, że ludzie na placu św. Piotra przyjęli go z nadzieją. Tak właśnie powiedział: «Poczułem nadzieję». Dodał także, że kiedy patrzył z balkonu na plac, uświadomił sobie bardzo wyraźnie, że jako papież jest też biskupem Rzymu. W zasadzie między polskim papieżem a Rzymem od pierwszego wejrzenia narodziła się miłość. Był z tego powodu bardzo szczęśliwy i kiedy w następnych latach wracał myślami do swoich początkowych obaw, to za każdym razem wyznawał, że bardziej niż kiedykolwiek czuje się «rzymianinem z Rzymu»".

Lolek

Karol Józef Wojtyła, zwany Lolkiem, urodził się 18 maja 1920 roku w Wadowicach, niewielkim miasteczku położonym pięćdziesiąt kilometrów od Krakowa. Był drugim synem Karola, oficera armii austrowęgierskiej, i Emilii Kaczorowskiej. Poród poważnie nadszarpnął zdrowie matki chłopca i w jego wczesnym dzieciństwie musiała dużo leżeć. Z powodu zapalenia mięśnia sercowego i nerek umarła w kwietniu 1929 roku, kiedy Lolek miał niecałe dziewięć lat. Śmierć matki i jej brak w latach młodości naznaczyły w nieodwracalny sposób osobowość pierwszego Polaka wybranego na Stolicę Piotrową. Jednak wkrótce nowa ciężka żałoba spadła na rodzinę Wojtyłów. Edmund, nazywany Mundkiem, ukochany brat Karola, czternaście lat od niego starszy, umarł niespodziewanie 5 grudnia 1932 roku. Ukończył on studia medyczne w Krakowie w 1930 roku i, pracując w szpitalu w Bielsku, na Śląsku, zmarł na szkarlatynę, którą zaraził się od pacjenta, gdy próbował za wszelką cenę go ratować.

Karol Wojtyła był świetnym uczniem, prymusem w swojej klasie. Uczęszczał do gimnazjum i zamierzał się zapisać na studia polonistyczne. 6 maja 1938 roku książę Adam Stefan Sapieha, arcybiskup krakowski, przyszły kardynał, wizytował parafię w Wadowicach. „Mój katecheta, ks. Edward Zacher – opowiada Jan Paweł II w książce *Dar i Tajemnica* – zlecił mi zadanie przywitania Księcia Metropolity. Miałem więc po raz pierwszy w życiu sposobność, ażeby stanąć przed tym człowiekiem, którego wszyscy otaczali wielką czcią. Wiem też, że po moim przemówieniu Arcybiskup zapytał katechetę, na jaki kierunek studiów wybieram się po maturze. Ksiądz Zacher odpowiedział: «idzie na polonistykę». Na co Arcybiskup miał powiedzieć: «szkoda, że nie na teologię»". Jednak oczekiwaniom księcia metropolity stało się zadość i ich ścieżki miały się wkrótce spotkać. Kilka lat później, kiedy Karol podjął decyzję o wstąpieniu do seminarium, abp Sapieha przyjął go wraz z innymi klerykami do swojej rezydencji i to on poprosił Wojtyłę, aby nie wstępował do Karmelu – czego przyszły papież wówczas pragnął – prorokując, że młody ksiądz będzie „ważny dla Kościoła".

W Wadowicach Wojtyła przyjaźnił się z wieloma Żydami, swoimi szkolnymi kolegami. Był wśród nich Jerzy Kluger, syn przewodniczącego gminy żydowskiej, z którym przyjaźń przetrwała do końca życia. Kiedy w gimnazjum chłopcy organizowali mecze piłki nożnej katolicy kontra żydzi, Karol często grał w tej drugiej drużynie, ponieważ nie była ona wystarczająco liczna.

„Na tamtym etapie życia moje powołanie kapłańskie jeszcze nie dojrzało, chociaż wielu z mojego otoczenia przypuszczało, że mógłbym pójść do seminarium duchownego. Jeżeli młody człowiek o tak wyraźnych skłonnościach religijnych nie szedł do seminarium, to mogło to rodzić domysły, że wchodzi tu w grę sprawa jakichś innych miłości czy zamiłowań. Miałem w szkole wiele koleżanek i kolegów, byłem związany z pracą w szkolnym teatrze amatorskim, ale nie to było decydujące. W tamtym okresie decydujące wydawało mi się nade wszystko zamiłowanie do literatury, a w szczególności do literatury dramatycznej i do teatru".

Pod kierunkiem swojego profesora od języka polskiego Karol wkrótce stał się aktorem znanym w Wadowicach. Zaangażował się w działalność teatralną także w Krakowie, dokąd przeniósł się z ojcem, aby rozpocząć studia na uniwersytecie. Wojtyła szczególnie lubił twórczość Juliusza Słowackiego, a przede wszystkim jeden wiersz, którego nauczył się na pamięć: „Pośród niesnasków Pan Bóg uderza / W ogromny dzwon. / Dla Słowiańskiego oto Papieża / Otwarty tron. / Ten przed mieczami tak nie uciecze / Jako ten Włoch, / On śmiało, jak Bóg, pójdzie na miecze, / Świat mu – to proch! (...) Więc oto idzie Papież Słowiański / Ludowy brat".
Wersy te zdają się prorokować wybór papieża Polaka i jego walkę z komunizmem.

Fabryka i teatr

Jan Paweł II był pierwszym papieżem, który wcześniej pracował jako robotnik w fabryce. „Aby uchronić się przed wywózką na przymusowe roboty do Niemiec – pisze Ojciec Święty w swojej autobiografii – jesienią roku 1940 zacząłem pracę jako robotnik fizyczny w kamieniołomie, związanym z fabryką chemiczną Solvay. Kamieniołom znajdował się na Zakrzówku, około pół godziny drogi od mojego domu na Dębnikach". Karol wolał nocne zmiany, które pozwalały mu się spokojniej uczyć i modlić. Pozostał również w kontakcie z konspiracyjnym „teatrem słowa", założonym i prowadzonym w okupowanej przez nazistów Polsce przez Mieczysława Kotlarczyka. Pewnego dnia wychodzący z fabryki Karol został potrącony przez ciężarówkę i ciężko ranny. 18 lutego 1941 roku umarł jego ojciec. Od tego momentu młody Wojtyła został zupełnie sam.

Powołanie

Powołanie Karola Wojtyły dojrzało ostatecznie w 1942 roku. Seminarium było konspiracyjne, a przyszli kapłani mieszkali i studiowali w pałacu arcybiskupim księcia Adama Sapiehy.

Kardynał Andrzej Deskur w wywiadzie dla „L'Osservatore Romano" tak wspomina przyjaciela ze studiów: „Poznałem Karola Wojtyłę już w odległym 1945 roku w Krakowie. Studiowaliśmy razem w seminarium metropolitalnym: ja na pierwszym roku, on na czwartym. W 1946 roku rozeszła się wiadomość, że Wojtyła zostanie wyświęcony przed końcem roku i posłany na studia za granicę. Było to wielkie wyróżnienie, ale nikt mu nie zazdrościł, bo wszyscy go lubili i mieli uznanie dla jego wielkiej inteligencji, solidnego przygotowania i głębokiej duchowości. W czasie studiów mieszkaliśmy razem, więc dobrze się znaliśmy. Pamiętam, że w czasie naszych cotygodniowych spacerów wszyscy chcieliśmy iść w towarzystwie Wojtyły, bo wracało się z nich ubogaconym. Pewnego dnia któryś z kolegów napisał na drzwiach jego pokoju: «Karol Wojtyła – przyszły święty». Wydawało się, że to żart, ale w gruncie rzeczy była to opinia, którą już wówczas mieliśmy o młodym Wojtyle, a teraz, sześćdziesiąt lat później, w czasie procesu beatyfikacyjnego, fakt ten nabiera symbolicznego znaczenia".

Jednak ostatnio kard. Deskur wyjawił Antonio Socciemu dodatkową tajemnicę związaną z tamtymi wydarzeniami. Dziennikarz pisze o tym w książce *Tajemnice Jana Pawła II*. W chwili przyjęcia święceń kapłańskich Karol Wojtyła otrzymał pewien szczególny dar: „On miał dar modlitwy wlanej, szczególny dar od Boga objawiający się podczas modlitwy". „Od kiedy?" – pyta Socci sędziwego polskiego purpurata. „Od dwudziestego szóstego roku życia". „A zatem – pisze dalej dziennikarz – wszystko zaczęło się w 1946 roku, kiedy przyjął święcenia kapłańskie. Jakaż tajemnica ujawniła się w tamtych miesiącach? Jest nam znany pewien istotny szczegół: właśnie w tym okresie młody Karol zetknął się z wielkim mistykiem, św. Janem od Krzyża, o którym usłyszał od innego nieznanego szerzej mistyka, Jana Tyranowskiego". Jan Tyranowski jest postacią kluczową w historii powołania Karola Wojtyły.

Także spotkanie z Janem od Krzyża było dla ks. Karola niezwykle istotne. Zainteresowanie jego postacią nie było bynajmniej czysto akademickie, jak to powiedział sam Jan Paweł II swojemu biografowi George'owi Weigelowi: pisanie pracy o świętym było „objawieniem wszechświata", głębokim przewrotem „podobnym do tego, jaki dokonał się w dziedzinie intelektualnej".

Czym jest modlitwa wlana, o której po raz pierwszy wspomniał kard. Deskur? „Wyjaśnił mi wówczas – pisze dalej Socci – iż trzeba pozwolić, «aby Duch Święty tobą kierował... poprzez widzenia i wewnętrzne głosy. Z tej bliskości z Bogiem wypływa wszystko. Jest to inne postrzeganie rzeczywistości, właśnie oczami Ducha». Przyszła mi na myśl twarz Papieża, którą tyle razy widzieliśmy w pierwszoplanowym ujęciu podczas celebracji mszy świętej w jakże licznych zakątkach świata. Przyszła mi na myśl intensywność, żarliwość jego modlitwy. Przypomniałem sobie słowa, jakie młodziutka Hauviette wypowiada do swojej przyjaciółki Joanny d'Arc w *I misteri* Charlesa Péguy: «Ty widzisz. Ty widzisz. To, co my wiemy, ty to widzisz. To, czego nas uczą, ty to widzisz. Katechizm, cały katechizm, i Kościół, i mszę, ty to wszystko widzisz, i twoją modlitwę, ty jej nie odmawiasz, ty ją widzisz»".

Wrócimy później do tej decydującej rewelacji kard. Deskura, która po raz pierwszy zerwała zasłonę milczenia i tajemnicy wokół doświadczeń mistycznych Jana Pawła II.

Z Krakowa do Rzymu i z powrotem

Wróćmy znów na chwilę do naszej krótkiej opowieści o życiu przyszłego papieża. „Na początku piątego roku studiów zostałem skierowany przez Księdza Arcybiskupa na dalsze studia do Rzymu. W związku z tym, wcześniej od moich kolegów z roku, otrzymałem święcenia kapłańskie dnia 1 listopada 1946 roku".

Po zakończeniu dwuletniego okresu studiów rzymskich, w czasie którego doszło do pierwszego i jedynego spotkania przyszłego papieża ze świętym z Gargano, w 1948 roku ks. Wojtyła powrócił do Polski i został posłany jako wikary do parafii w Niegowici, podkrakowskiej wsi. W marcu 1949 roku kard. Sapieha wezwał go do Krakowa i powierzył uniwersytecką parafię św. Floriana. W 1954 roku ks. Wojtyła został wykładowcą etyki na Katolickim Uniwersytecie Lubelskim. Katedrę tę prowadził także jako arcybiskup i kardynał. Jego wykłady, początkowo uważane za trudne, wkrótce zaczęły przyciągać tłumy studentów, a młodzi ludzie przywiązali się do tego jedynego w swoim rodzaju profesora o bezpośrednim obejściu.

Dnia 4 lipca 1958 roku, gdy ks. Karol przebywał z grupą młodych ludzi na Mazurach na spływie kajakowym, został pilnie wezwany przez kard. Wyszyńskiego, prymasa Polski, w latach pięćdziesiątych więzionego przez komunistów. Okazało się, że Pius XII postanowił nominować Wojtyłę krakowskim biskupem pomocniczym. Miał on wówczas zaledwie trzydzieści osiem lat.

Mimo nawału nowych obowiązków bp. Wojtyła kontynuował swoją działalność literacką i w 1960 roku opublikował dramat *Przed sklepem jubilera* i ważny esej *Miłość i odpowiedzialność*. Ostatnia książka wzbudziła pewną sensację, ponieważ po raz pierwszy katolicki biskup wypowiadał się w niej na tematy tabu związane z płciowością. Zasięgał on w tej kwestii opinii ekspertów, ale przede wszystkim spędzał wiele czasu z ludźmi młodymi i spowiadał ich. W 1962 roku rozpoczął się w Rzymie ekumeniczny II Sobór Watykański. Młodego biskupa włączono do grupy roboczej zajmującej się tak zwanym schematem XIII, który stał się potem konstytucją duszpasterską *Gaudium et spes*.

Krakowski arcybiskup

Po śmierci abp. Eugeniusza Baziaka prymas Wyszyński na próżno wysuwał kolejne kandydatury na jego następców. Reżim odrzucał je wszystkie, patrzył natomiast przychylnym okiem na desygnację młodego bp. Wojtyły, uważanego z racji wieku za „bardziej otwartego i podatnego na dialog". Jednak komuniści musieli rychło zdać sobie sprawę z tego, jak bardzo się łudzili. W grudniu 1963 roku zaledwie czterdziestotrzyletni bp Wojtyła został mianowany arcybiskupem Krakowa. W dniu swojego triumfalnego ingresu w diecezji postanowił przywdziać starożytne i drogocenne paramenty swoich średniowiecznych poprzedników. W ten sposób przypomniał wszystkim, a przede wszystkim władzy, doniosłe znaczenie Kościoła katolickiego w historii narodu polskiego. Cztery lata później, 26 czerwca 1967 roku, Paweł VI wyniósł go do godności kardynała. Arcybiskup Wojtyła już od kilku lat był w Polsce punktem odniesienia dla Watykanu, a Paweł VI miał sposobność docenienia młodego purpurata podczas prac przygotowawczych nad encykliką *Humanae vitae*, w której uznano za niedopuszczalne wszystkie środki antykoncepcyjne.

Kardynał Wojtyła dużo jeździł po świecie i utrzymywał kontakt z Polonią w różnych krajach. Nadal oddawał się swoim sportowym pasjom. Pewnego dnia jeździł na nartach w Tatrach i nie zauważył, że znalazł się w Czechosłowacji. Z wielkim trudem udało mu się przekonać straż graniczną, że to właśnie on jest kardynałem, którego imię i nazwisko widnieje w watykańskim paszporcie.

Były to lata, w których polski kardynał dał się poznać także w Rzymie. „Kiedy w 1971 roku przyjechałem do Rzymu – wyjawia nam prof. Guzman Carriquiry, sekretarz Papieskiej Rady ds. Świeckich – arcybiskup krakowski Karol Wojtyła był już konsultorem dykasterii zajmującej się świeckimi w Kościele, stworzonej przez Pawła VI na wniosek soboru.

Uczestniczyłem w wielu zgromadzeniach plenarnych dykasterii, na których był obecny kardynał. Trwały one około tygodnia i on zawsze w nich uczestniczył. Był bardzo milczący, rzadko się odzywał, ale śledził wszystko z wielką uwagą. Uderzył mnie fakt, że gdy inni dyskutowali, on się modlił. Odmawiał różaniec, podczas gdy świeccy rozmawiali ze sobą albo się kłócili. Kardynał Wojtyła trzymał się na uboczu: często pogrążał się w modlitwie, nie tracąc jednak ani na chwilę wątku dyskusji. Jeśli coś go uderzało, podnosił wzrok. Rzadko się włączał w obrady, ale kiedy zabierał głos, przedstawiciele blisko czterdziestu organizacji katolickich obecni na zgromadzeniach plenarnych słuchali go z wielką uwagą. Pamiętam, że któregoś razu jeden z członków dykasterii mówił o «prześladowaniach», jakich rzekomo doświadczał belgijski teolog Edward Schillebeeckx. Wtrąciłem się: «Ależ, o co panu chodzi, dlaczego mówi pan o prześladowaniach?». Wojtyła podniósł wzrok i spojrzał na mnie.

Ówczesny sekretarz *Consilium de laicis* – kontynuuje Carriquiry – był Polakiem. Pamiętam przynajmniej dwie lub trzy kolacje, w których uczestniczyłem z kardynałami Wojtyłą i Rubinem. Kończyły się zawsze, nieodwołalnie, na śpiewaniu polskich pieśni. Przyszły papież bardzo lubił śpiewać. Muszę wyznać, że wieczorem 16 października 1978 roku byłem zaskoczony wyborem Wojtyły, ale jeszcze bardziej zdumiał mnie widok nowego papieża pozdrawiającego tłumy. Odkryłem wówczas zupełnie mi nieznaną stronę jego osobowości, jako że pamiętałem go jako człowieka milczącego i powściągliwego". Krakowski arcybiskup był więc już stosunkowo znany w gronie kardynałów, kiedy w 1974 roku Paweł VI powierzył mu przygotowanie doktrynalnego wprowadzenia do dyskusji nad ewangelizacją na synod biskupów, a w 1976 roku głoszenie w Watykanie rekolekcji wielkopostnych dla członków Kurii Rzymskiej.

Dwa konklawe

Dnia 6 sierpnia 1978 roku umarł Paweł VI. Dwadzieścia dni później konklawe, w którym wzięło udział 111 kardynałów, wybrało na jego następcę patriarchę Wenecji kard. Albina Lucianiego, który umarł nagle po zaledwie trzydziestu trzech dniach pontyfikatu. Kardynałowie wrócili więc do Rzymu. Nowe konklawe rozpoczęli w niepewności. Żaden z włoskich kardynałów faworytów nie mógł zgromadzić wystarczającej ilości głosów. Dzięki wpływowi „wielkich elektorów", kard. Franza Königa z Wiednia i kard. Johna Krola z Filadelfii, kardynałowie oddali swe głosy na młodego purpurata z Krakowa, którego wybrano na papieża po południu 16 października 1978 roku. Kardynałowie szukali człowieka, który byłby zdolny uświadomić Europie jej chrześcijańskie korzenie, a przede wszystkim przemówić w imieniu Kościoła milczącego. Natomiast desygnacja kard. Wojtyły bardzo zmartwiła Kreml.

Podczas mszy świętej inaugurującej pontyfikat Jan Paweł II powiedział: „Nie bójcie się, *otwórzcie, otwórzcie na oścież drzwi Chrystusowi* i Jego zbawczej władzy! *Otwórzcie* granice państw, systemów ekonomicznych i politycznych". To niemal okrzyk wojenny, rozpoczęcie bezkrwawej i skutecznej ofensywy będącej głosem Kościoła milczącego, który wydawał się zapomniany.

Meksyk: pierwsza podróż

Rychło zrozumiano, że wiele się zmieni z nastaniem pierwszego w historii papieża Polaka. Jan Paweł I podjął decyzję, że nie będzie osobiście przewodniczył Konferencji Episkopatu Ameryki Łacińskiej (CELAM), która miała się odbyć w Puebli w Meksyku. Postanowił posłać tam swojego delegata, który miał śledzić obrady i nie interweniować. Jan Paweł II kilka dni po swoim wyborze zwołał kilku współpracowników, aby zapytać ich o zdanie w kwestii ewentualnej podróży do Meksyku. Wszyscy obecni odradzali mu wyjazd do Puebli. Wysłuchał ich w milczeniu, na chwilę zamknął oczy, po czym oznajmił: „Pojadę tam".

Papież globtroter

W ten sposób w styczniu 1979 roku historyczną wizytą na kontynencie amerykańskim rozpoczęła się wyczerpująca podróż dookoła świata Papieża globtrotera. Zebranie plenarne CELAM w Puebli miało wydźwięk znacząco różny od tego, które odbyło się dziesięć lat wcześniej w Medellin.

Wojna na śmierć i życie ze wschodnioeuropejskim komunizmem zza żelaznej kurtyny toczyła się równolegle z walką z wszelkimi przejawami przenikania elementów marksizmu do teologii. Pod tym względem znacząca wydaje się polityka nominacji biskupich charakteryzująca cały pontyfikat Jana Pawła II. Absolutna wierność tej zasadzie była elementem niezbędnym w życiorysie kandydata na nowego biskupa czy kardynała.

Papież, którego zadaniem było wprowadzenie w życie uchwał II Soboru Watykańskiego, uprzywilejował związany z jego posługą wymiar charyzmatyczny i misyjny w stosunku do wymiaru instytucjonalnego i sprawowania władzy. Jan Paweł II, idąc więc za przykładem Pawła VI, który był pierwszym papieżem podróżującym, na nieoczekiwaną skalę zwiększył częstotliwość i ilość swoich pielgrzymek. Tym, którzy krytykowali go za bycie w nieustannych rozjazdach, przypominając mu, że dawniej to wierni przyjeżdżali do Rzymu, żeby zobaczyć papieża, odpowiadał: „Biedni nie przyjadą". Podróże apostolskie, owoc wspólnej pracy Stolicy Świętej i episkopatów lokalnych, przyczyniły się do umocnienia papieskiego charyzmatu. Nigdy tak bardzo, jak za czasów pontyfikatu Jana Pawła II, Kościół katolicki nie utożsamiał się w wyobraźni ludzi ze swoim pasterzem. Ojciec

Święty rzucał wyzwanie władzy politycznej, mediował, zwracał uwagę nawet samą swoją obecnością na krzywdy wcześniej niezauważane, rzucał światło na ludzkie dramaty. I, o ile w pierwszej części pontyfikatu młody i silny Papież wydawał się niemal dzierżyć swój srebrny pastorał jak miecz, krzycząc o swojej wierze do grupek sandinistów, którzy w Managui w 1983 roku jawnie go kontestowali, o tyle w drugiej jego części z powodu dolegliwości i chorób nad słowami Ojca Świętego zyskał przewagę gest i milczące świadectwo cierpienia.

Papież medialny

Jan Paweł II wypełnił też misje uważane za niemożliwe, takie jak wizyta w Sarajewie, Bejrucie czy Jerozolimie. Inną rewolucją w świecie katolickim był użytek, jaki Ojciec Święty czynił z mediów. Papież, w młodości obyty ze sceną, nigdy nie miał „księżowskiego" stylu bycia i swoimi gestami, intonacją, poruszającą żarliwością modlitwy umiał zaistnieć w mediach, stając się ich bezdyskusyjnym ulubieńcem. Kościół przeżył niesłychany przewrót. Zaczęły się mnożyć bezpośrednie transmisje z celebracji liturgicznych, a także wielotysięcznych zgromadzeń. Jan Paweł II, tak nowoczesny, jeśli chodzi o korzystanie ze środków masowego przekazu, był jednak nieugięty, gdy w grę wchodziła moralność. Podtrzymał całe tradycyjne nauczanie, poświęcił encyklikę obronie życia, nie zmienił ani jednej litery w stanowisku swoich poprzedników dotyczącym antykoncepcji.

Papież rekordzista

Głównymi danymi opisującymi pontyfikat Jana Pawła II, ustępujący pod względem długości tylko panowaniu Piusa IX, są liczby odnoszące się do jego podróży, które przeżywał w duchu misyjnym. Odbył 104 pielgrzymki zagraniczne i 146 wizyt duszpasterskich na terenie Włoch. Przebył ponad milion dwieście tysięcy kilometrów, co równa się trzydziestojednokrotnej długości równika i ponad trzykrotnej odległości między Ziemią a Księżycem. Odwiedził także 317 z 333 rzymskich parafii.

Imponujące są również dane odnoszące się do wiernych, z którymi Jan Paweł II spotkał się w ciągu niemal dwudziestu siedmiu lat swojej posługi: 1166 środowych audiencji, w których uczestniczyło prawie osiemnaście milionów pielgrzymów, nie licząc innych spotkań i audiencji (ponad osiem milionów pielgrzymów tylko w okresie Wielkiego Jubileuszu Roku 2000) oraz milionów ludzi spotkanych w czasie podróży apostolskich.

Papież gestów i znaków

W czasie swojego pontyfikatu Jan Paweł II dał nowy impuls do rozwoju ekumenizmu. Zwoływał spotkania wielkich religii w Asyżu, walcząc o to, by imienia Boga nie używano do usprawiedliwiania nienawiści i przemocy. Był pierwszym papieżem, który odwiedził rzymską synagogę (w 1986 roku) i wszedł do meczetu (w Damaszku w 2001 roku, w przededniu tragicznych wydarzeń 11 września). Innym ważnym wydarzeniem był gest oczyszczenia pamięci, którego dokonał, idąc za intuicją Jana XXIII i Pawła VI, prosząc o przebaczenie win popełnionych przez chrześcijan i ludzi Kościoła w ciągu dwóch tysięcy lat historii chrześcijaństwa.

Pontyfikat Jana Pawła II obejmował w zasadzie trzy epoki. Pierwsza, zdominowana przez konfrontację między Wschodem i Zachodem, zakończyła się wraz z upadkiem komunizmu w krajach socjalistycznych zza żelaznej kurtyny, jaki dokonał się w 1989 roku. Upadek ten rozpoczął się od rewolucji związkowej, do której doszło w Polsce na początku lat osiemdziesiątych. Przyczyniła się do niej w pewnym stopniu presja Stanów Zjednoczonych rządzonych wówczas przez prezydenta Ronalda Reagana. Jednak decydujący był głos polskiego papieża żądającego dla każdego człowieka gwarancji wolności religijnej. W drugiej epoce pontyfikatu Jana Pawła II, w okresie pozornego „nowego porządku świata", z jednej strony widzieliśmy umacnianie się superpotęgi Stanów Zjednoczonych, które jako jedyne pozostały na scenie, a z drugiej odnawianie się wielu dawnych konfliktów od Bliskiego Wschodu po Afrykę i wyniszczającą wojnę w byłej

Jugosławii. Trzecia epoka rozpoczęła się w 2001 roku, kiedy to fundamentalistyczny terroryzm islamski zepchnął świat w otchłań lęku i niepewności. W obliczu takiego scenariusza Jan Paweł II, charyzmatyczny papież, wówczas już fizycznie bardzo zniszczony chorobą Parkinsona, dokładał wszelkich starań, aby nie doszło do konfrontacji między dwiema cywilizacjami i aby otworzyć drogę dialogu i współistnienia. Często opacznie pojmowano jego intencje nawet wewnątrz Kościoła.

Zamach

Karol Wojtyła, jak widzimy z tej pobieżnej biografii, doszedł do kapłaństwa po dzieciństwie i młodości naznaczonej bólem i cierpieniem. Wszyscy członkowie jego najbliższej rodziny zmarli, zanim odprawił swoją prymicyjną mszę w krypcie historycznej katedry na Wawelu w Krakowie w zimny listopadowy dzień 1946 roku. Jednak po wyborze na Stolicę Piotrową polski papież doznał innego rodzaju cierpienia i otarł się o śmierć dwa i pół roku po rozpoczęciu swojej posługi. Przeżyjmy raz jeszcze to wydarzenie.

Rzym, 13 maja 1981 roku, godzina 17.00. Odkryty jeep wiozący Jana Pawła II i jego sekretarza ks. Stanisława Dziwisza wyłania się z bramy Arco delle Campane. Tego dnia na placu św. Piotra tłum przybyły na środową audiencję generalną wyjątkowo nie jest zbyt liczny. Gorące i senne rzymskie popołudnie toczy się leniwie. Nic nie zapowiada tego, co ma nastąpić. Program przewiduje, że Papież przemierzy plac w *papamobile*, aby dotrzeć do podwyższenia, na którym ustawiony był tron. Stamtąd ma wygłosić przemówienie, a następnie pozdrowić kolejno grupy wiernych. Trzystu pielgrzymów z Polski od ponad godziny czeka na Jana Pawła II. Stłoczeni przy barierce mają w pogotowiu swoje biało-czerwone chorągiewki. Przywieźli ze sobą obraz Matki Bożej Częstochowskiej, na którego odwrocie napisano: „Maryjo, chroń Ojca Świętego od złego". Jeep kończy pierwsze okrążenie wokół egipskiego obelisku, jedzie bardzo wolno. Papież błogosławi, ściska ręce, głaska po głowach, przytula dzieci, śmieje się, odpowiada na pozdrowienia. Wkrótce skończy sześćdziesiąt jeden lat, ale wygląda młodziej. Rozpoczyna się drugie okrążenie.

Rzym, 13 maja 1981 roku, godzina 17.19. Papamobile jedzie wzdłuż kolumnady i zanim dociera na wysokość Bramy Spiżowej, Jan Paweł II bierze na chwilę na ręce dziewczynkę o kręconych blond włoskach. Podnosi ją do góry, po czym odwraca się, aby oddać ją rodzicom. Jest godzina 17.19. Browning kalibru 9 Mehemta Ali Agcy wznosi się pomiędzy głowami ludzi pragnących zobaczyć Papieża czy zrobić mu zdjęcie. Młody Turek oddaje szybko kilka strzałów. Na placu rozlega się ogłuszający huk wystrzałów, przerażone gołębie zrywają się do lotu. Jan Paweł II zostaje trafiony dwiema kulami: jedna rani go w kciuk, a następnie przeszywa brzuch i kończy swój lot na podłodze jeepa, a druga ociera się o prawy łokieć, odbija się i rani dwie amerykańskie turystki. Ojciec Święty osuwa się w ramiona swojego sekretarza z twarzą wykrzywioną bólem.

„W tamtej chwili – stwierdza kard. Stanisław Dziwisz, dając wyraz swojemu głębokiemu przekonaniu, że to niebo interweniowało, aby uratować Papieża – zaczęła działać niewidzialna potęga, która pozwoliła uratować zagrożone życie Ojca Świętego".

Najbliższej znajduje się szpital Ducha Świętego, kilkaset metrów od placu św. Piotra, ale ks. Stanisław Dziwisz postanawia zawieźć Papieża do polikliniki Gemelli. Chwilę po wyruszeniu z placu św. Piotra w karetce psuje się syrena. Przejazd przez miasto o tej porze dnia mógłby zająć nawet pół godziny. Tego dnia trwał zaledwie osiem minut. „Ojciec Święty nie patrzył na nas. Miał zamknięte oczy. Bardzo cierpiał i powtarzał krótkie wezwania. Mówił: «Maryjo, Matko moja! Maryjo, Matko moja!»".

Po przyjeździe do polikliniki Gemelli Jan Paweł II traci przytomność. Jego stan jest krytyczny: stracił sześćdziesiąt procent krwi z powodu krwotoków wewnętrznych. Tętno jest bardzo słabe, jego życie wisi na włosku. Ksiądz Stanisław udziela mu ostatniego namaszczenia. Operacja trwa pięć godzin i dwadzieścia minut. Kula przeszła kilka milimetrów od aorty i ominęła kręgosłup. Chirurdzy usuwają pacjentowi pięćdziesiąt centymetrów jelita, a następnie trafia on na oddział intensywnej terapii.

W niedzielę 17 maja, zaledwie cztery dni po zamachu, Papież zwraca się przez radio do pielgrzymów zgromadzonych na placu św. Piotra, by odmówić modlitwę *Anioł Pański*. Słabym, drżącym jeszcze głosem, Ojciec Święty wypowiada łącznie dziewięćdziesiąt słów, siedem zdań. Dziękuje wszystkim za troskę i modlitwę, a potem dodaje: „Modlę się za brata, który mnie zranił, a któremu szczerze przebaczyłem. Zjednoczony z Chrystusem Kapłanem-Ofiarą, składam moje cierpienie w ofierze za Kościół i świat. Tobie, Maryjo, powtarzam: *Totus Tuus ego sum*".

Jan Paweł II wyjawi André Frossardowi, że „czyjaś ręka strzelała, ale Inna Ręka prowadziła kulę". Była to rocznica pierwszego objawienia w Fatimie.

Swoich współpracowników, którzy krążyli między Watykanem a polikliniką Gemelli, Ojciec Święty, leżący w sali na dziesiątym piętrze, prosi o wszystkie materiały związane z objawieniami z 1917 roku. Czytając rękopis s. Łucji dos Santos, Jan Paweł II kojarzy to, co go spotkało, z treścią trzeciej tajemnicy fatimskiej. Papież wie, widzi daleko, widzi więcej, widzi w głąb. Uważa swoją misję i strzały na placu św. Piotra za część pewnego planu. Nie przypadkiem podczas pewnego obiadu w Watykanie, w okresie, kiedy Michaił Gorbaczow wdraża już swoją *pierestrojkę*, jeden ze współpracowników zwraca się do Jana Pawła II, mówiąc: „Wasza Świątobliwość, prasa podaje, że przygotowuje się podróż do Moskwy...". Ojciec Święty milczy. Gdy współpracownik dodaje: „Byłoby to wielkie zwycięstwo papieża...", podnosząc wzrok znad talerza, stwierdza on stanowczym głosem: „Nie, byłoby to zwycięstwo Chrystusa...", a potem dodaje: „... i zwycięstwo Maryi...", i znowu po chwili: „... Maryi z Fatimy...".

Jan Paweł II, jak wiemy, nie będzie mógł się udać do Moskwy. Jednak nadal będzie odczytywać te wydarzenia w perspektywie nadprzyrodzonej, uważając objawienia maryjne za jedyny klucz interpretacyjny pozwalający zrozumieć ich znaczenie. Także później, w lutym 1995 roku, kiedy w Civitavecchia pochodząca z Medjugorie figurka płacze krwawymi łzami, Papież interweniuje. To on przez kard. Angelo Sodano prosi początkowo niechętnego bp. Girolama Grillo, aby wziął pod uwagę możliwość ingerencji nadprzyrodzonej. To on uważa ten fakt za ważny znak, który jego osobiście dotyczy. To on wreszcie pragnie, aby któregoś wieczoru bp Grillo przywiózł do Watykanu figurkę płaczącą krwią, by mógł ją ukoronować i oddać cześć w swoich apartamentach. Pięć lat później Ojciec Święty wystawi dokument przez siebie podpisany, w którym zaaprobuje ten kult. Jan Paweł II wierzy zatem w autentyczność krwawych łez z Civitavecchia.

Przeskoczmy teraz w czasie do roku 2000. Minęło dziewiętnaście lat od huku wystrzałów na placu św. Piotra, od wystrzelenia pocisków z browninga Ali Agcy. Papież dzięki Bogu przeżył. Właśnie trwa w Fatimie beatyfikacja dwojga pastuszków, Franciszka i Hiacynty Marto, którym razem z Łucją dos Santos objawiła się Maryja.

Fatima, 13 maja 2000 roku, godzina 11.55. Na placu przed imponującym sanktuarium w Cova da Iria na zakończenie celebracji, podczas gdy Jan Paweł II jest pogrążony w modlitwie, kard. Angelo Sodano podchodzi do mikrofonu i ujawnia treść trzeciej tajemnicy: „Wizja fatimska dotyczy przede wszystkim walki systemów ateistycznych przeciw Kościołowi i chrześcijanom oraz opisuje niezmierne cierpienia świadków wiary w stuleciu zamykającym drugie millennium. Jest to niekończąca się Droga Krzyżowa, której przewodniczą papieże dwudziestego wieku. Według interpretacji samych *pastorinhos*, potwierdzonej też niedawno przez s. Łucję, «biskup odziany w biel», który modli się za wszystkich wiernych, to Papież. Również on, krocząc z trudem ku krzyżowi pośród ciał zabitych męczenników (biskupów, kapłanów, zakonników, zakonnic i licznych wiernych świeckich), pada na ziemię jak martwy, rażony strzałami z broni palnej".

Rzym, 26 czerwca 2000 roku, godzina 11. W watykańskim biurze prasowym kard. Joseph Ratzinger odczytuje dziennikarzom oryginalny tekst trzeciej tajemnicy fatimskiej, którą Matka Boża powierzyła trojgu pastuszkom podczas objawień w 1917 roku, a którą po raz pierwszy spisała s. Łucja 3 stycznia 1941 roku. Tekst pozostawał zamknięty w sejfie biskupa Leirii-Fatimy aż do 1957 roku, następnie przeniesiony do Watykanu i przechowywany pod kluczem w archiwach Świętego Oficjum.

„Zobaczyliśmy (...) Biskupa odzianego w Biel, «mieliśmy przeczucie, że to jest Ojciec Święty». Wielu innych Biskupów, Kapłanów, zakonników i zakonnic wchodzących na stromą górę, na której szczycie znajdował się wielki Krzyż zbity z nieociosanych belek jak gdyby z drzewa korkowego pokrytego korą; Ojciec Święty, zanim tam dotarł, przeszedł przez wielkie miasto w połowie zrujnowane i na poły drżący, chwiejnym krokiem, udręczony bólem i cierpieniem, szedł modląc się za dusze martwych ludzi, których ciała napotykał na swojej drodze; doszedłszy do szczytu góry, klęcząc u stóp wielkiego Krzyża, został zabity przez grupę żołnierzy, którzy kilka razy ugodzili go pociskami z broni palnej i strzałami...".

Zamach na Ojca Świętego w maju 1981 roku był więc w jakiś sposób „przewidziany" czy raczej „widziany" przez troje dzieci prowadzących stado owiec na pastwisko w zapadłej portugalskiej wiosce w odległym 1917 roku.

Zatrzymaliśmy się dłużej nad tym centralnym epizodem w życiu Jana Pawła II, ponieważ ukazuje nam on, że ten papież, tak nowoczesny, pod niektórymi względami nonkonformista i innowator, był w wielkim stopniu związany z historyczną mistyką. Ludzkie losy, losy każdego człowieka należało według niego odczytywać w świetle nadprzyrodzonym i właśnie dlatego również jako papież utrzymywał kontakt z wieloma mistykami. Jego sympatia i kult dla Ojca Pio z Pietrelciny, zakonnika naznaczonego stygmatami, który przez całe życie przeżywał w swoim ciele cierpienia Jezusa, ma tutaj swoje źródło. Także Jan Paweł II przelał swoją krew i cierpiał za Kościół i ludzkość.

Orszak świętych i błogosławionych

Jest rzeczą ważną, by na koniec ukazać inny charakterystyczny rys pontyfikatu papieża Polaka: jego „politykę" dotyczącą beatyfikacji i kanonizacji. Od 1588 roku, kiedy Sykstus V ustalił procedurę kanonizacyjną, do czasu wyboru Jana Pawła II w 1978 roku, Kościół katolicki kanonizował 302 świętych. Janowi Pawłowi II wystarczyło dwadzieścia sześć lat pontyfikatu, aby ogłosić 482 świętych i wydać dekrety o zatwierdzeniu kultu. Do zastępu świętych dołączyła jeszcze liczniejsza grupa ogłoszonych przez niego błogosławionych: łącznie 1338 osób, w tym dwaj papieże, Jan XXIII i Pius IX. Ojciec Święty zreformował również przepisy dotyczące procesów kanonizacyjnych i przewodniczył niemal dwustu ceremoniom beatyfikacji i kanonizacji we Włoszech i w innych krajach, starając się ukazać także postaci świeckich, tak by podkreślić powszechność powołania do świętości. Beatyfikował więc Pier Giorgia Frassatiego, syna dyrektora turyńskiej „La Stampy"; Giuseppe Antonia Tovini z Brescii; Fryderyka Ozanama, wykładowcę z Sorbony i założyciela Stowarzyszenia św. Wincentego à Paulo. Nie można też zapominać o ukazanych jako wzór rodzicach i małżonkach, takich jak Giovanna Beretta Molla, matka, która w wieku trzydziestu dziewięciu lat straciła życie, aby wydać na świat swoją córkę, kanonizowana 16 maja 2004 roku, czy Maria i Luigi Beltrame Quattrocchi, pierwsze beatyfikowane małżeństwo.

Uwagę przykuwają także męczennicy: 103 Koreańczyków beatyfikowanych w 1984 roku, 117 Wietnamczyków wyniesionych na ołtarze w roku 1988 czy 120 męczenników chińskich kanonizowanych w czasie Wielkiego Jubileuszu Roku 2000 mimo protestów rządu w Pekinie. Mieliśmy również do czynienia z największą zbiorową beatyfikacją w historii: 233 męczenników z czasów wojny domowej w Hiszpanii beatyfikowanych w Rzymie 11 marca 2001 roku. W gronie męczenników znaleźli się również Maksymilian Maria Kolbe, franciszkanin, który w obozie Auschwitz poszedł dobrowolnie na śmierć głodową zamiast innego więźnia, a także nawrócona na katolicyzm Żydówka, Edyta Stein, ofiara Holocaustu.

Papież starał się ukazać otwarcie Kościoła na wszystkie kontynenty. Przeżyliśmy więc kanonizację sudańskiej niewolnicy Bakhity, porwanej w wieku dziesięciu lat przez arabskich handlarzy niewolników, która po wyzwoleniu wstąpiła do zakonu. Na ołtarze zostali wyniesieni również Piotr To Rot, świecki katecheta, pierwszy beatyfikowany rdzenny mieszkaniec Papui Nowej Gwinei; Zefiryn Jimenez Malla, z okazji beatyfikacji którego w 1997 roku plac św. Piotra wypełnił się różnobarwnym tłumem Cyganów; Daniel Comboni, kanonizowany założyciel zgromadzenia misjonarzy kombonianów, zmarły w Sudanie. Trzeba wspomnieć także o Indianinie Juanie Diego, bohaterze objawień w Guadalupe, kanonizowanym w Meksyku w 2002 roku. Bardzo istotne dla zrozumienia pontyfikatu Jana Pawła II są również: beatyfikacja i kanonizacja Josemarii Escrivy de Balaguera, założyciela Opus Dei, beatyfikacja i kanonizacja Ojca Pio oraz beatyfikacja Matki Teresy z Kalkuty.

2.
Wcielona katecheza

Kim był zatem Jan Paweł II? Jaka jest fundamentalna treść jego nauczania, głęboki sens jego magisterium? Spróbujemy w tym rozdziale przyjrzeć się temu zagadnieniu. Jestem głęboko wdzięczny za pomoc prof. Carmeli Randone, pełnej pasji badaczce nauczania Jana Pawła II i utalentowanemu pedagogowi poświęcającemu wiele wolnego czasu rozpowszechnianiu orędzia wielkiego papieża wśród młodzieży.

Zacznijmy od ojcostwa bardzo intensywnie przeżywanego przez Jana Pawła II, ponieważ przede wszystkim, zanim został powszechnym ojcem, był i nie przestał być „synem". Autentyczne ojcostwo przeżywa ten, kto doświadczył i doświadcza bycia synem. Jan Paweł II był najpierw „synem", który dojrzewał nie tylko dzięki lekcjom, dyskusjom, lekturom, ale przede wszystkim dzięki spotkaniom z osobami, które w codzienności swojego życia, w prostocie swojego „dzień po dniu" przekazały mu głęboki sens istnienia. Karol Wojtyła umiał zatem spojrzeć z pokorą i przenikliwością na wszystkich, którzy w bardzo różny sposób towarzyszyli mu w jego drodze życiowej wpisanej od samego początku w tajemny plan.

Młody Wojtyła zobaczył Jezusa i piękno chrześcijaństwa w twarzach bliskich i przyjaciół, którzy dzielili z nim codzienność. Przede wszystkim była to twarz ojca. Jan Paweł II pisze w *Darze i Tajemnicy*: „Nieraz zdarzało mi się budzić w nocy i wtedy zastawałem mojego Ojca na kolanach, tak jak na kolanach widywałem go zawsze w kościele parafialnym. Nigdy nie mówiliśmy z sobą o powołaniu kapłańskim, ale ten przykład mojego Ojca był jakimś pierwszym domowym seminarium".

O niezastąpionej roli ojca w swojej drodze do Boga Papież wspomina również w książce *Przekroczyć próg nadziei*: „Pamiętam, że ojciec dał mi kiedyś książeczkę do nabożeństwa, w której była modlitwa do Ducha Świętego. Powiedział mi, abym tę modlitwę codziennie odmawiał. Tak też staram się czynić". Epizod ten związany jest prawdopodobnie z anegdotą opowiedzianą przez Ojca Świętego francuskiemu pisarzowi André Frossardowi, nawróconemu na katolicyzm autorowi książki *Nie lękajcie się!*, w której relacjonuje swoje rozmowy z Papieżem z początku lat osiemdziesiątych. Młodemu Karolowi, który często spóźniał się na próby chóru, pewnego dnia ojciec powiedział po prostu: „Za mało się modlisz do Ducha Świętego". Nie wiadomo dokładnie, czy młodzieniec zrozumiał, jaki związek może zachodzić między modlitwą a punktualnością. Jest natomiast pewne, że gdy został papieżem, poświęcił Duchowi Świętemu encyklikę *Dominum et vivificantem*. W Austrii w 1998 roku, zwracając się do kapłanów, Papież powiedział: „Także dzisiaj Duch wzbudza nowe powołania. Trzeba więc tworzyć środowisko, które pomaga usłyszeć głos Bożego wezwania. Wielkie znaczenie mają tutaj wspólnoty parafialne. Gdy ich członkowie naprawdę dochowują w życiu wierności Bogu, gdy panuje w nich klimat głębokiej religijności i szczerej gotowości do dawania świadectwa, wówczas jest bardziej prawdopodobne, że osoby powołane odpowiedzą pozytywnie na wezwanie. Miarą żywotności wspólnoty parafialnej są nie tylko różnorakie formy działalności, ale także głębia życia modlitewnego". Być może i tutaj da się odnaleźć refleksję nad tymi ważkimi słowami wypowiedzianymi wiele lat wcześniej przez ojca młodego chórzysty.

Wspomnienie matki

Właśnie tak jak syn, także kiedy został papieżem, Karol Wojtyła nigdy nie zapominał o swojej matce: „Obchodzimy dziś «Dzień Matki», każdej matki w jej niepowtarzalnej tożsamości, w jej szczególnym geniuszu: geniusz kobiety, geniusz matki. I każdy z nas wspomina swoją własną matkę. Wiele matek żyje, ale są i takie, które już odeszły. Ja wspominam moją mamę, która już nie żyje, ale która żyje, żyje we mnie". Są to słowa bardzo ludzkie, słowa człowieka, który nie bał się ujawniać poruszeń swojego serca. Jednak wspomnienie najbliższych, poczynając od matki, splatało się z bólem straty. Jak wiadomo i jak przypomnieliśmy w poprzednim rozdziale, Karol Wojtyła stracił matkę jako dziecko. Ów „odwrócony porządek mijania", to wydarzenie „przechodzenia poprzez śmierć ku życiu", jak pisze Papież w *Rozważaniu o śmierci*, ukazuje się nam razem z orędziem nadziei i radości o wymiarze teologicznym, biorąc za punkt wyjścia doroczne święto i tak osobiste dla każdego człowieka wspomnienie. Dla zmarłej matki dziewiętnastoletni Karol napisał wzruszający i subtelny wiersz, z którego przebija cała jego wrażliwość.

Nad Twoją białą mogiłą
kwitną białe życia kwiaty –
o, ileż lat to już było
bez Ciebie – przed iluż to laty?

Nad Twoją białą mogiłą,
Od lat tylu już zamkniętą,
– jakby w górę coś wznosiło –
coś, tak jak śmierć niepojęte.

Nad Twoją białą mogiłą,
o Matko, zgasłe Kochanie –

za całą synowską miłość
modlitwa:
Daj wieczne oczekiwanie –

Kraków wiosną 1939

Wiemy dobrze, że w czasie swoich podróży do Polski Jan Paweł II zawsze znajdował chwilę, by klęknąć przy grobach swoich najbliższych: „W wieku dwudziestu lat byłem już pozbawiony wszystkich, których kochałem, a nawet tych, których mógłbym kochać" (*Nie lękajcie się!*). Ktoś zauważył, że Jan Paweł II pozdrawiał dzieci z miłością ojcowską i macierzyńską: ojcostwo i macierzyństwo stopione w człowieku, który nadal odczuwał czułość swojej matki i swojego ojca. Zresztą jego zmysł synostwa nie ograniczał się tylko do rodziców, ale także do osób dorosłych, które spotykał na swojej drodze. Z okazji pięćdziesięciolecia kapłaństwa Ojciec Święty pisał: „W parafii była osoba wyjątkowa: chodzi tu o Jana Tyranowskiego. Był on z zawodu urzędnikiem, chociaż wybrał pracę w zakładzie krawieckim swojego ojca. (...) Był człowiekiem niezwykle głębokiej duchowości. (...) Od niego nauczyłem się między innymi elementarnych metod pracy nad sobą, które wyprzedziły to, co potem znalazłem w seminarium". Jan Paweł II wspomina prostego krawca, którego spotkał w grupie Żywego

Różańca w latach czterdziestych, kiedy z powodu deportacji wielu kapłanów do obozu zagłady Auschwitz świeccy zostali wezwani do przeżywania swojej misji z intensywnością i świadomością, która musiała zawrzeć w sobie cały dramatyzm tamtych dni.

Tak więc właśnie poczucie, że został wychowany, sprawiło, że Papież jako wychowawca stał się wiarygodny. On, który za młodu doświadczył spotkania z „człowiekiem żyjącym przy Panu, czy lepiej jeszcze, z Panem", jawił się oczom wielu coraz bardziej jak ów krawiec, o którym mówił: „Przemawiał językiem katechetycznym (...) Ale to wszystko nie jest ważne. Ważny jest człowiek. Ważny jest on sam: to, co kryje się za słowami, które wypowiada. Ważna jest prawda, którą stara się wyrazić nieprzydatnymi słowami".

Nadzwyczajne człowieczeństwo

Kiedy czyta się pisma Jana Pawła II – począwszy od esejów filozoficznych do poezji, od homilii do przemówień, które wygłaszał jako kapłan, biskup i papież – i przebiega się myślą jego życie i świadectwo, odnosi się wrażenie obcowania z kimś obdarzonym nie tylko nadzwyczajnym człowieczeństwem i charyzmą, ale także niezwykłą głębią. Człowiek ten przeżył swoje życie, każdą jego chwilę, całkowicie pogrążony w objęciach Boga niczym krzew ognisty pośród grani historii. Świadczą o tym niezliczone wypowiedzi ludzi, którzy spotkali Jana Pawła II nawet w ostatnich latach jego życia naznaczonych wyniszczeniem fizycznym i postępującą chorobą Parkinsona.

„Papież stał się dla mnie – powiedziała dwudziestodwuletnia Julia Kocegarova w Kazachstanie we wrześniu 2001 roku – fizycznym znakiem pewnej obecności. Jego słabość jest tylko znakiem, który bardziej widocznym czyni to, co on w sobie nosi, obecność i nieskończoną miłość. Spotkanie z Papieżem w Astanie, bycie blisko niego i możliwość patrzenia mu w oczy, pozwoliło mi doświadczyć na własnej skórze, czym jest dar Opatrzności. Kiedy widzi się prawdziwego człowieka, takiego jak on, nie można się nie zdumiewać. Musisz zdać sobie sprawę z jego wyjątkowości, wobec której nie możesz pozostać obojętnym, która przełamuje wszelkie konwenanse, która rodzi w tobie autentyczną ciekawość, oczekiwanie sprawiające, że odczuwasz chrześcijaństwo jako coś bliskiego".

Słowa te zdają się być echem nieco wcześniejszej wypowiedzi pewnego diakona pochodzącej z lutego 2001 roku: „Czy dziecko może zwracać się do ojca z zachowaniem protokołu i formalności? (...) Emocje związane z jego obecnością towarzyszą mi już od czterech lat, od momentu, kiedy po raz pierwszy go zobaczyłem i nic nie mogłem poradzić na to, że serce o mało nie wyskoczyło mi z piersi, kiedy na mnie spojrzał".

Mamy niezliczoną ilość tego rodzaju świadectw. Ze wszystkich jasno przebija ojcowski wymiar osobowości Jana Pawła II. Wielu ludzi naszych czasów, niezależnie od ich pochodzenia geograficznego czy przynależności społecznej, patrzyło na Jana Pawła II jak na ojca zdolnego wzbudzić owo zapierające dech wzruszenie, które staje się początkiem przemiany życia. Wystarczy wspomnieć, że czy to szef Inspektoratu Bezpieczeństwa Publicznego w Watykanie prefekt Enrico Marinelli, czy Arturo Mari, fotograf „L'Osservatore Romano", czy też bp John Magee, przez kilka lat drugi sekretarz polskiego papieża, z wielką prostotą mówili o Janie Pawle II jako o ojcu, po spotkaniu którego życie nie mogło pozostać takie samo jak wcześniej. Fotograf Arturo Mari w wywiadzie dla „L'Osservatore Romano" stwierdza: „Czuję się szczęściarzem, bo mam możność spędzać wiele czasu u boku człowieka, który przed dwudziestu pięciu laty zmienił moje życie. To człowiek, który kiedy miałem problemy, miał czas, żeby mnie wysłuchać, żeby mi pomóc. Aby mu podziękować, czuję się w obowiązku robić to, co robię. To jedyny sposób, w jaki mogę mu podziękować".

Jan Paweł II jednak nigdy nie przeżywał ojcostwa jako elementu pełnionej posługi, było ono raczej jego wewnętrznym powołaniem, czymś, co wypływało z nieustannego poczucia, że sam jest synem Ojca niebieskiego. Innymi słowy, czułe gesty, jakimi obdarzał dzieci i chorych, tylko w minimalnym stopniu wypływały z uczuciowości, delikatności czy serdeczności. Nie były też podyktowane mniejszym czy większym skrępowaniem wobec entuzjazmu tłumów, które go otaczały. Nie chodziło o zachowania podyktowane przez spontaniczne porywy czułości czy poczucie obowiązku, jak to ma czasem miejsce w przypadku przywódców państw. Nawet najbardziej banalne gesty Ojca Świętego odzwierciedlały bardzo głębokie wewnętrzne światło. Aby spróbować zbliżyć się do tej „tajemnicy" Papieża, choćby w niewielkim stopniu i bez żadnych pretensji do wyczerpujących odpowiedzi, trzeba zacytować to, co powiedział jako arcybiskup krakowski w czasie rekolekcji dla studentów w 1962 roku: „Moi drodzy, miłość zawsze jest odważna. Miłość zawsze jest odważna, nie oszczędza siebie. To jest Chrystus, to jest konsekwentnie Chrystus. Ten, który nie oszczędzał się na ziemi galilejskiej. (...) Ten, który potem poszedł z całą gotowością na mękę i na śmierć. Nigdy nie oszczędzał siebie. I zawsze w tym samym kierunku – zawsze: dla mnie. Miłość jest odważna, miłość nie oszczędza siebie. I to jest dalej tak samo: i teraz (Chrystus – przyp. tłum.) jest odważny w swojej miłości, tak samo i teraz nie oszczędza się. (...) Daje się człowiekowi, daje się mnie".

Miłość jest nieustraszona, nie oszczędza się – w tych słowach zawiera się pierwsza część syntezy życia Jana Pawła II. Papież tak ukochał ludzkość, każdego człowieka, którego Bóg mu powierzył, że nie zawahał się wyniszczyć, ofiarować w całości, oddać do ostatnich granic. Przypomniał o tym abp Stanisław Dziwisz w homilii wygłoszonej 16 października 2005 roku w Sanktuarium Miłosierdzia Bożego w Krakowie-Łagiewnikach: „Papież-Pielgrzym szukał człowieka. Nie czekał, aż ludzie przyjdą do niego, ale sam szedł do nich, ażeby ukazywać im nadzieję, zwłaszcza ludziom cierpiącym, głodnym, uwięzionym i umierającym".

Jan Paweł II wyruszał w wyczerpujące podróże, aby głosić prawdę Chrystusa i dawać świadectwo o niej wobec wszystkich ludzi; aby spotykać, zachęcać, podtrzymywać każdego człowieka, także, a może przede wszystkim człowieka pozbawionego wartości w oczach świata. By to czynić, przemierzał tysiące kilometrów i podejmował każde wyzwanie. Nie przejmował się krytyką i niezrozumieniem, nawet ze strony inteligencji i to niekiedy katolickiej. Oto kilka przykładów.

W 1983 roku w Nikaragui Papież nie dał się zbić z tropu grupie sandinistów, którzy podczas mszy starali się zagłuszyć go swoimi krzykami. 3 kwietnia 1987 roku w Chile w czasie Eucharystii nie bał się gazów łzawiących, które przeszkadzały mu oddychać. Jak opowiada Weigel w biografii *Świadek nadziei,* Ojciec Święty cały we łzach udzielił Pierwszej Komunii Świętej i dokończył sprawowanie obrzędów, w których uczestniczyło milion wiernych. Ludzie „zostali i uczestniczyli", rozumiejąc, że „jedyną rzeczą, jakiej w tych okolicznościach nie należało robić, to ustąpić podżegaczom". Bojówkarzami kierował prawdopodobnie sam reżim. Dziewiętnaście miesięcy po tej wizycie, zgodnie z propozycją Papieża, Chilijczycy w plebiscycie opowiedzieli się za powrotem demokracji.

Nikt nigdy nie zapomni owego odległego 13 maja 1981 roku, kiedy zdarzyło się coś nie do pomyślenia – zamach, o którym mówiliśmy w poprzednim rozdziale. Jednak nawet po tym tragicznym wydarzeniu, które mogło położyć kres życiu Jana Pawła II, jego nieustanne ofiarowywanie się nie ustało, a nawet przemieniło się w zupełne poświęcenie.

Całkowita ofiara z siebie

Oczywiście wzbudzała dyskusje zawzięta wola Jana Pawła II, by się nie oszczędzać, być papieżem takim jak zawsze, mimo że ciało umęczone chorobą Parkinsona nie było już w stanie wypełniać rozkazów umysłu. Mógł przecież ograniczyć podróże, zmniejszyć ilość ceremonii, wybrać bardziej powściągliwą formę pełnienia swojej posługi, oszczędniejszy styl, mógł się mniej pokazywać. Jednak decyzja Papieża była inna. Miał odpowiedzieć jednemu z kardynałów, który zapytał go, dlaczego nie poda się do dymisji: „Nie podaję się do dymisji, bo Chrystus nie zszedł z krzyża".

Dlatego towarzyszyliśmy Ojcu Świętemu, niejednokrotne z drżeniem wpatrując się w zbliżenia, często bezlitosne, pokazywane przez kamery międzynarodowych stacji telewizyjnych. Coraz bardziej zmęczony i coraz słabszy, coraz mniej pewnie trzymający się na nogach, coraz bardziej drżący, a jednak widzieliśmy go w Afryce i w Indiach, kiedy znosił upały, które zwaliłyby z nóg młodego człowieka. Czasem zdawało się, że się ociąga, że się chwieje, ale zawsze docierał do ołtarza przygotowanego do celebrowania Eucharystii. W każdych okolicznościach zatrzymywał się, aby pozdrowić i objąć ludzi, nie dbając o swoje fizyczne wyczerpanie. W Sarajewie przewodniczył mszy świętej w czasie szalejącej śnieżycy. W Nigerii, pragnąc spotkać się z tak mocno doświadczonym narodem afrykańskim, znosił wilgotny upał. A to tylko kilka z olbrzymiej ilości przykładów.

Jak nie wspomnieć wielkiej podróży latem 2002 roku, ostatniej podróży za Atlantyk, na Światowy Dzień Młodzieży do Toronto i olbrzymiego zaskoczenia, jakie odczuliśmy my, towarzyszący mu dziennikarze, na widok Papieża na własnych nogach schodzącego po schodkach samolotu linii Alitalia. Drobne, niepewne kroki pod czujnym i troskliwym okiem sekretarza Stanisława Dziwisza. Jak nie pamiętać ostatniego etapu tamtej pielgrzymki, Meksyku i imponującej ceremonii kanonizacji Juana Diego, Indianina, któremu ukazała się Matka Boża w Guadalupe. Jan Paweł II był wówczas u kresu sił, skulony w sobie. Stałem w głębi wielkiej nowej bazyliki w Guadalupe i nie zapomnę nigdy widoku Papieża, który nie był w stanie stanąć prosto, ale przechylał się na jedną stronę. A jednak właśnie podczas tej pielgrzymki wyznaczył młodzieży spotkanie w Kolonii, wybierając na miejsce kolejnego Światowego Dnia Młodzieży ojczyznę tego, który miał zasiąść po nim na Stolicy Piotrowej.

W ostatnim okresie życia Ojca Świętego każde przemówienie było ofiarą; wydawało się, że wydobywa głos nadludzkim wysiłkiem. Jednak w 2004 roku, na kilka miesięcy przed śmiercią, pojechał jeszcze do Szwajcarii i Francji, do Lourdes, gdzie z ogromnym cierpieniem ukłęknął przed grotą Massabielle, aby powiedzieć Maryi, że dotarł do kresu pielgrzymowania. Wielu z nas wyczuwało, że mówił o sobie samym, o swoim życiu. Dlaczego Jan Paweł II nie zatrzymał się, dlaczego nie postanowił się wycofać? Dlaczego wstydliwie nie chował pogłębiania się choroby, która w tak widoczny sposób go naznaczyła? Dlaczego przybywał jako pielgrzym na ziemie, gdzie katolicy są mniejszością? Aby to zrozumieć, wystarczy raz jeszcze wsłuchać się w słowa, które Papież z wielką trudnością wypowiedział 28 listopada 2004 roku w czasie modlitwy *Anioł Pański*, wspominając to, czego począwszy od odległego już października 1978 roku nigdy nie przestał głosić na wszystkich kontynentach: „Dziś, w I Niedzielę Adwentu, rozpoczyna się nowy rok liturgiczny, w którym ze szczególną gorliwością będziemy kontemplować oblicze Chrystusa obecnego w Eucharystii. Jezus, Słowo Wcielone, umarły i zmartwychwstały, jest ośrodkiem historii. Kościół adoruje Go i w Nim dostrzega ostateczny i jednoczący sens wszystkich tajemnic wiary: miłość Boga, który daje życie".

W Niedzielę Wielkanocną 2005 roku Jan Paweł II, świadomy swojego stanu zdrowia, pojawił się w oknie, aby udzielić błogosławieństwa, próbując z niewymownym trudem wydobyć głos. Nie udało mu się to z powodu tracheotomii, jakiej został poddany w poliklinice Gemelli. Trzy dni przed śmiercią, w środę, Papież na dłuższą chwilę ukazał się w oknie, by pozdrowić wiernych. Wydaje się to niemal obłędem, obłędem miłości.

Wspomina o tym kard. Angelo Comstri w wywiadzie dla „Famiglia Cristiana", podkreślając, że „Jan Paweł II pragnął oddać się jak Mistrz do ostatniego tchnienia życia. Był niestrudzonym pielgrzymem, a nie mógł już chodzić; był wyjątkowym mówcą, a nie mógł mówić. Mógł tylko na wózku podjechać do okna i zrobił to. Jego ostatnie słowa były bezkształtnymi dźwiękami, ale wyraziły encyklikę daru z siebie".

„Tajemnica" Jana Pawła II

Pytając o „tajemnicę" Jana Pawła II, spróbujmy wydobyć inny jej aspekt. Podczas rekolekcji wielkopostnych wygłoszonych w Watykanie w 1976 roku, rozważając siódmą stację drogi krzyżowej, kard. Karol Wojtyła powiedział: „«Ja zaś jestem robak, a nie człowiek, pośmiewisko ludzkie i wzgardzony u ludu» (Psalm 22[21],7). Słowa psalmisty-proroka znajdują swe pełne urzeczywistnienie na tych ciasnych, stromych uliczkach Jerozolimy, w ciągu ostatnich godzin, które dzielą to miasto od rozpoczęcia Paschy. A wiadomo, że takie godziny przed świętem bywają także gorączkowe. I uliczki są zatłoczone. W takim kontekście spełniają się słowa psalmisty, chociaż nikt o tym nie myśli. Nie zdają sobie z tego z pewnością sprawy ci, którzy okazują wzgardę, dla których stał się pośmiewiskiem ten upadający znowu, po raz drugi, pod krzyżem Jezus z Nazaretu".

Wcześniej, odnosząc się do Matki Jezusa, stwierdził: „Jego krzyż staje się Jej krzyżem, Jego poniżenie, hańba publiczna – Jej poniżeniem".

Czytając te słowa, być może można zrozumieć powody, dla których Jan Paweł II postanowił nie ukrywać swoich słabości i ograniczeń, zgadzając się na to, by ludzie oglądali go takim, jakim był w swojej kruchości, także w warunkach, które świat uznałby za upokarzające, nielicujące z godnością papieża. To tak, jakby wystawił się na publiczne wyszydzenie, zgadzając się na osąd i niezrozumienie. Ileż to razy wokół niego rozlegały się głosy, nawet wysoko postawionych osób, sugerujące abdykację. Poddawano w wątpliwość możność dalszego sprawowania przez niego papieskiej posługi. Jednak Jan Paweł II zechciał się obarczyć i tym krzyżem, nie oszczędzał się.

Raz jeszcze rodzi się pytanie, co nim kierowało. Idąc za Jezusem Chrystusem, kochał jak On, oddając w ofierze swoje życie, ponieważ był całkowicie przez Niego pochwycony, całkowicie w Nim zanurzony. Zresztą już w 1939 roku, mając dziewiętnaście lat, pisał w hymnie *Magnificat*:

Chodzę po Twych gościńcach – słowiański trubadur –
przy sobótkach gram dziewom,
  pasterzom wśród owiec,
– ale pieśń rozmodloną, pieśń wielką jak padół
rozrzucam przed tron dębowy Jedynemu Tobie. (...)
Bądź mi miłościw – śpiewam, jak natchniony celnik –
Uwielbiaj, duszo moja, pieśnią i pokorą
Pana Twojego, hymnem: Święty, Święty, Święty!
Oto się pieśń jednoczy: Poezji! – Poezji!
– ziarno tęskni, jak dusza cierpiąca niedosyt –
by były me gościńce w cieniu dębów, brzezin,
i były bogumiłe młodzieńcze pokosy.

Ów człowiek, który został papieżem, zawsze czuł się obejmowany przez nieskończoną Miłość, tak opisując to doświadczenie: „Ktoś się długo pochylał nade mną. (...) / Zamknięty w takim uścisku – jakby muśnięcie po twarzy, / po którym zapada zdziwienie i cisza, cisza bez słowa, / która nic nie pojmuje, niczego nie równoważy – / w tej ciszy unoszę nad sobą nachylenie Boga" (*Pieśń o Bogu ukrytym*), i jeszcze: „Nie nasycony jednym dniem stworzenia, / coraz większej pożądam nicości, / aby serce nakłonić do tchnienia / Twojej Miłości", a potem także: „Bo jesteś samą Ciszą, wielkim Milczeniem, / uwolnij mnie już od głosu, / a przejmij tylko dreszczem Twojego Istnienia, / dreszczem wiatru w dojrzałych kłosach".

Karol Wojtyła był więc zakochany w Bogu. Nie mógł do końca nie zaufać, bo jak twierdził, „miłość mi wszystko wyjaśniła, / miłość wszystko rozwiązała – / dlatego uwielbiam tę Miłość, / gdziekolwiek by przebywała".

To pozwala nam zrozumieć, że wyjaśnienia „tajemnicy" Jana Pawła II nie należy szukać w jego charakterze, w temperamencie bardziej otwartym i mniej powściągliwym niż u jego współbraci. Z pewnością człowiek, który po studiach w konspiracyjnym seminarium jako kapłan i biskup był codziennie zmuszony zmagać się z reżimem bynajmniej nie nieśmiałym, musiał uruchomić wszystkie rezerwy swojej determinacji, przezwyciężyć skrępowanie i obawy, ponieważ niekiedy w grę wchodziło wręcz przetrwanie Kościoła. Jednak nie o to chodziło. W rzeczywistości bowiem, jak zobaczymy to bardziej szczegółowo w kolejnych rozdziałach, również dzięki świadectwom czasem wręcz niesłychanym, Jan Paweł II oddychał Bogiem w każdej chwili swojego życia. Czuł, że znajduje się cały, wraz z ciałem, umysłem i duszą, w rękach Boga. Pisał on w *Promieniowaniu ojcostwa*: „Powiem więcej: ze zbioru słów, których używam, postanowiłem wyrzucić słowo «moje». Jakżesz mogę posługiwać się tym słowem, gdy wiem, że wszystko jest Twoje? Chociaż nie Ty sam rodzisz w każdym ludzkim rodzeniu, ale przecież ten, który rodzi – już jest Twój. I ja sam bardziej jestem Twój niż «mój». Więc zdobyłem świadomość, że nie wolno mi mówić «moje» na Twoje. Nie wolno mi tak mówić, myśleć, czuć. Muszę się z tego wyzwolić, wyzuć – niczego nie mieć, niczego nie chcieć na własność".

W wierszach Karola Wojtyły owo „Ty" często jawi się jako realna obecność, z którą poeta nawiązuje przedziwnie intensywny dialog. W końcu wyznaje: „O Panie, przebacz mej myśli, że nie dość jeszcze miłuje, / przebacz miłości mej, Panie, że tak strasznie przykuta do myśli, / że chłodnym myślom, jak nurt, Ciebie odejmuje (...) / I nie odtrącaj, Panie, mojego podziwu, / który jest niczym dla Ciebie, bo Cały jesteś w Sobie, / ale dla mnie teraz jest wszystkim" (*Pieśń o Bogu ukrytym*).

Zażądano od niego, by kochał tak, jak Bóg kochał jego, by pochylał się nad ludźmi tak, jak Bóg pochylił się nad nim. W tym świetle staje się bardziej zrozumiałe, że Jan Paweł II miał tylko jedno pragnienie: iść za swoim Mistrzem, ponieważ do tego stopnia złączył się z Nim i utożsamił, że stał się „Jego Myślą" także, a może przede wszystkim na Kalwarii. Biskup Wojtyła powiedział do młodych w 1962 roku: „Moi drodzy! Do każdego człowieka Chrystus mówi: «Pójdź za mną». Chrystus do każdego człowieka mówi: «Pójdź za mną». Pójście za Nim polega na naśladowaniu Go. Pójście za Nim umysłem, pójście za Nim wolą, pójście za Nim całym swoim ja". Kardynał Stanisław Dziwisz wspomina: „Kiedy mnie pytają, co było jego siłą i najgłębszą tajemnicą, nie znajduję innej odpowiedzi niż ta, że była to modlitwa (...). Nic nie było w stanie zakłócić jego skupienia w czasie wielkich celebr, a wszyscy uczestniczący czuli obecność Boga" (Sanktuarium Bożego Miłosierdzia, 16 października 2005 roku).

„Na kolanach przed majestatem Boga Ojciec Święty był zawsze, od dzieciństwa począwszy, aż po ostatnią chwilę życia. (...) Trzeba dodać, że z Bogiem rozmawiał nie tylko na kolanach, ale często także leżąc krzyżem. (...) Wedle świadectwa jednego z kolegów, «Karol miał taki zwyczaj, że po przepracowaniu każdego przedmiotu wychodził do drugiego pokoju i stamtąd wracał po kilku minutach. Kiedyś drzwi były niedomknięte i zauważyłem, że Karol modli się na klęczniku». (...) W kaplicy nie tylko się modlił, ale także pisał książki, m.in. studium *Osoba i czyn*. Do dziś zachował się tam «klęcznik-biurko». (...) Studenci klerycy budowali się swoim profesorem, który podczas przerw klęczał na posadzce seminaryjnego korytarza przed stacjami Drogi Krzyżowej. (...) Mając 10 lat, zapisał się do szkaplerza, który stale nosił i z którym poszedł do domu Ojca. Dodam, że był to «prawdziwy szkaplerz» – z sukna. (...) Sługa Boży trwał na kolanach przed Bogiem, żył Bogiem i dla Boga. Kto się z nim zetknął, od razu mógł zauważyć jego głębokie zjednoczenie z Bogiem. (...) Wiele razy spotykałem ludzi, którzy podkreślali, że od niego promieniowało światło. Wszystko to płynęło z głębi jego zjednoczenia z Bogiem przez modlitwę. Nie dzielił swojego życia na zajęcia i modlitwę. On się tym wszystkim modlił, po prostu jego życie było modlitwą. (...) W życiu modlitwy Sługi Bożego uderza nas ewangeliczna prostota. (...) Zachował się własnoręcznie napisany – drobnymi literami na bardzo pożółkłym papierze – akt jego osobistego poświęcenia się Najświętszemu Sercu Jezusowemu, zakończony słowami: «Wszystko dla Ciebie, Najświętsze Serce Jezusa». Ten akt, złożony w formie szkaplerza, nosił stale ze sobą.

Zjednoczony z Bogiem, był zarazem człowiekiem całkowitego zaufania Bogu. Dlatego trudności i cierpienia, których mu nie brakowało w życiu, nie załamywały go, ale umacniały w oddaniu się Bogu, w tym jego *Totus Tuus ego sum*. Wyrazem tego zaufania było także jego ubóstwo. W swoim papieskim testamencie napisał, że «nie pozostawia po sobie własności, którą należałoby zadysponować». I tak było zawsze" (Przemówienie kard. Stanisława Dziwisza podczas pierwszej sesji Trybunału Rogatoryjnego w diecezji krakowskiej, 4 listopada 2005 roku). Również w swojej ostatniej książce kard. Dziwisz podkreślił całkowite utożsamienie się Jana Pawła II z misterium, które wyrażało się całkowitym zatopieniem w celebracji eucharystycznej: „Sprawiał wrażenie, jakby rozmawiał z Niewidzialnym". Na potwierdzenie świadectwa krakowskiego kardynała niektórzy współpracownicy Papieża wspominają epizod z jednej z zagranicznych podróży. Pewnego wieczoru, po wyjątkowo przeładowanym zajęciami dniu, członkowie świty papieskiej, idąc położyć się spać, zauważyli, że w kaplicy zostało zapalone światło, i wrócili je zgasić. Dotarłszy do kaplicy, zobaczyli Ojca Świętego pogrążonego w modlitwie. Odprawiał drogę krzyżową, jak w każdy piątek, choć kończący się dzień był bardzo męczący, można powiedzieć wykańczający, przede wszystkim dla niego. Papieski sekretarz potwierdził w książce *Świadectwo*, że Ojciec Święty w piątki odprawiał drogę krzyżową „niezależnie od miejsca, w którym się znajdował, nawet w samolocie czy w helikopterze, jak na przykład podczas lotu do Galilei". Wspomnienie to odnosi się do historycznej podróży Jana Pawła II do Ziemi

Świętej w marcu 2000 roku, do której jeszcze powrócimy, i do przelotu helikopterem z Jerozolimy do Nazaretu, który miał miejsce właśnie w piątek.

Prostota i siła ducha

Jeśli chodzi o prostotę i wiarę Jana Pawła II, należy powołać się na wspomnienia dwóch wyjątkowych świadków. Pierwszym z nich jest krakowski szofer kard. Wojtyły, Józef Mucha. Po śmierci Papieża powiedział on tygodnikowi „Famiglia Cristiana": „Był profesorem, a chodził w zniszczonej i połatanej sutannie. W zimie zarzucał na siebie płaszcz, którego używają robotnicy. (...) Byłem świadkiem tego, że całe noce spędzał na modlitwie, leżąc krzyżem na podłodze. Widziałem, jak chodząc na kolanach, odprawiał Drogę Krzyżową na dróżkach w Kalwarii, dokąd kazał mi się zawozić. Czekałem na niego w samochodzie nawet przez cztery czy pięć godzin. Wracał z ubłoconą sutanną i pogodnym spojrzeniem".

Dyrektor watykańskiego biura prasowego Joaquin Navarro-Valls mówi natomiast: „Istnieje błędne wyobrażenie, jakoby Papież w czasie swoich podróży mieszkał w wystawnych apartamentach wyposażonych w nie wiadomo jakie luksusy. Pamiętam, że, kiedy pojechaliśmy do bardzo biednej Gwinei Bissau (1990), mieszkaliśmy w tak zwanym niższym seminarium. Widziałem pokój Papieża: żelazne łóżko o szerokości najwyżej pół metra, bez łazienki i bez klimatyzacji. On jednak nic nie powiedział. Nie czuł się głównym administratorem Kościoła katolickiego, ale pierwszym apostołem".

Joaquin Navarro-Valls wspomina również pielgrzymkę do Meksyku w 1990 roku: „Szesnaście godzin w podróży z perspektywą dotarcia na dziewiątą rano, tak żeby cały dzień wykorzystać na wizytę. Linie Alitalia bardzo troskliwie wyposażyły przedział papieski w niewielkie łóżko, które jednak rano zastano nietknięte. Stewardessy – opowiada rzecznik Stolicy Apostolskiej – przyszły do mnie bardzo zmartwione, pytając, czy może Ojciec Święty potrzebował większego łóżka. Dość długo tłumaczyłem im, jaki sens ma w chrześcijaństwie wyrzeczenie. Jan Paweł II wolał spędzić podróż na siedząco, tak jak reszta pasażerów, aby ofiarować Panu swoje cierpienie w intencji podróży, jaką miał przed sobą. W moim życiu nie spotkałem człowieka, który lepiej wiedziałby, co to znaczy miłość. Nie znam drugiego człowieka o podobnej zdolności kochania. On był zakochany w Jezusie Chrystusie i w Maryi, Matce Bożej. Pewnego dnia zastałem go w jego prywatnej kaplicy na śpiewaniu. Miał wówczas osiemdziesiąt lat. Tak mógł się zachowywać tylko ktoś zakochany...".

Oto, kim był Jan Paweł II. Oto tajemnica jego siły i duchowej mocy: w każdej, bez wyjątku, chwili karmił się Bogiem.

Zmysł ojcostwa

Jedynie w tej perspektywie możemy zrozumieć przynajmniej częściowo zmysł ojcostwa, jaki posiadał Jan Paweł II. To ojcostwo wyrażało się nie tylko w wielkich gestach, ale także w małych i pozornie nic nieznaczących. Wystarczy popatrzeć na zdjęcia, aby zdać sobie z tego sprawę. Papież pije wodę ze szklanki, siedząc za stołem u jakiejś afrykańskiej rodziny. Papież patrzy w zachwycie na rzekę czy góry. Papież trzyma w ramionach dziewczynkę, siedzi z dziećmi w kółku, tak jak siedziałby każdy proboszcz, i odpowiada na ich proste i rozbrajające pytania. Papież otoczony grupą nastolatków próbuje na przykładzie własnego doświadczenia wyjaśnić im autentyczny sens życia. Obrazy te mówią same za siebie. Jednak nie mniej poruszający jest obraz Ojca Świętego pochylonego nad łóżkiem i błogosławiącego swojego zmarłego dzień wcześniej chirurga. Jak nie wspomnieć też o szczególnej przyjaźni z pracownikami rzymskiej służby oczyszczania miasta, których bożonarodzeniową szopkę zawsze odwiedzał, odkąd był biskupem Rzymu, a kiedy nie mógł już chodzić, przyjmował ich „u siebie w domu".

Fotograf „L'Osservatore Romano" Arturo Mari wspomina: „Nigdy nie zapomnę wizyt w leprozoriach, szczególnie w leprozorium Sorok w Korei. Kiedy Papież dowiedział się o tej wysepce, na której żyją ludzie dotknięci przeklętą plagą trądu, chciał udać się tam osobiście. (...) Wszedł tam, dotykał, obejmował i głaskał każdego po kolei. (...) Wyobraźcie sobie tę scenę. Proszę pamiętać o tym, jak wygląda trędowaty: twarz obrzmiała, ręce zjedzone przez chorobę, a jednak on z wielką miłością i olbrzymim współczuciem zatrzymał się nad każdym z nich. Rzeczą najważniejszą, tym, co mnie uderzyło, był wyraz oczu tych ludzi! Być może po raz pierwszy w swoim życiu poczuli się ludźmi. Nie mogę też zapomnieć podróży do Angoli, kiedy zawieziono Ojca Świętego, żeby pokazać mu ruiny pierwszego kościoła, jaki zbudowano w tym kraju. On, obróciwszy się, zauważył jakąś chatę. Od razu postanowił odwiedzić tę chatę, porozmawiać z ludźmi, którzy w niej mieszkali, dowiedzieć się, co dzieje się w tym miejscu, jak wygląda ich życie. I rzeczywiście Papież wszedł do chaty i były to przepiękne sceny. Po wyjściu z tego domu, jeśli tak można to nazwać, usiadł przed nim na drewnianej skrzynce, a wszystkie dzieci, które tam mieszkały, usiadły wokół niego, niektóre pod rękami, inne na kolanach. Papież rozmawiał z ich rodzicami. Są to sceny poruszające, momenty niezapomniane. Było ich wiele, całe mnóstwo... Obraz miłości, wierności i pokory Papieża wobec ludzi".

Także bp Alberto Maria Careggio opowiedział katolickiemu dziennikowi „Avvenire" anegdoty pomagające zrozumieć tajemnicę wewnętrznej głębi Jana Pawła II. Wspomina na przykład, że pewnego dnia na Mont Blanc Papież zatrzymał się i spotkał ze strażnikami parku, z którymi wypił herbatę w ich chacie i długo rozmawiał o pięknie gór. 9 lipca 1987 roku w pobliżu Lorenzago di Cadore, na koniec pierwszej tamtego lata wycieczki, Ojciec Święty niespodziewanie zapukał do bacówki i spędził około pół godziny u Luigiego Vecellio, emerytowanego pracownika zakładu energetycznego, który poczęstował go sokiem pomarańczowym. Do dziś wspomina on te chwile: „I musiało się to przydarzyć mnie, który nie chodzę do kościoła". Zdarzenie to oszołomiło go. W następnych latach troskliwie zbierał prawdziwki dla swojego „przyjaciela". „Myślę, że dotąd nikomu tego nie mówiłem. Ale przez trzy dni płakałem, kiedy zobaczyłem, że papież, papież mówię, zakłada na nogi zwykłe buciska do chodzenia w górach. Nie nowe, które dostał w prezencie, ale takie zwyczajne jak prawdziwy góral, jeden z nas, ktoś taki jak ja...".

Jeśli chodzi o wakacje Jana Pawła II, to inny jeszcze obraz wrył się w serce i pamięć wielu osób. Kilku rolników w pobliżu Lorenzago zbierało widłami siano, kiedy nagle wyrosła przed nimi biała postać. Możemy sobie wyobrazić zdumienie i niedowierzanie tych ludzi, którzy w odzieży bynajmniej nieodświętnej, mieli zaszczyt powitać samego Ojca Świętego. Zdanie wypowiedziane przez jednego z rolników najlepiej ujmuje znaczenie tego spotkania: „Gdy przed nim stałem, poczułem coś nadprzyrodzonego i całą noc nie mogłem zasnąć".

Spontaniczne gesty

Nie da się zliczyć tego typu epizodów. Są to historie, które powierzchownemu obserwatorowi mogą wydać się banalne, bez znaczenia, jednak odczytane w Bożej perspektywie nabierają szczególnej mocy. Pod koniec lat czterdziestych Karol Wojtyła pisał: „Mój Synu – w tamtej mieścinie, gdzie ludzie znali nas razem, / mówiłeś do mnie «matko» – i nikt nie przejrzał w głąb / mijanych dnia każdego zdumiewających zdarzeń / – a życie twoje się zlało z życiem ludzi ubogich, / do których chciałeś należeć przez ciężką pracę rąk" (*Matka*).

Matka widzi we wspomnieniach Syna zanurzonego w codzienności, w codziennym trudzie. Widzi, że zaangażował się w zwyczajne życie, aż do utożsamienia się z życiem każdego człowieka. Syn Boży wziął na siebie od początku człowieczeństwo, w szczególności trud i słabość. Uwikłał się w człowieczeństwo, On, prawdziwy Bóg i prawdziwy człowiek.

Również Jan Paweł II zechciał upodobnić się do swojego Mistrza. Miłość głoszona z taką determinacją przez Papieża nie była Bogiem filozofów czy egzegetów, ale Bogiem Wcielonym, zdolnym pochylić się z miłosierdziem nad zranioną ludzkością, towarzyszyć jej, dzielić jej niepokoje i udręki. Dlatego Karol Wojtyła mógł napisać: „Opowiadam wam zdziwienie wielkie, helleńscy mistrzowie: / nie warto czuwać nad bytem, który wymyka się z rąk, / jest Piękno rzeczywistsze, / utajone pod żywą krwią" (*Pieśń o Bogu ukrytym*).

W świetle tego wszystkiego można zrozumieć także inne drobne, ale ważne momenty tak charakterystyczne dla pontyfikatu Jana Pawła II.

Nad jeziorem Wigry w Polsce w czerwcu 1999 roku, jak opowiada dziennikarz „L'Osservatore Romano", coś nadzwyczajnego wydarzyło się w rodzinie Stanisława Milewskiego. Kilka minut wcześniej uprzedzono go: „Przyjeżdża do państwa z wizytą biskup". Już samo to było dla Stanisława i jego rodziny czymś niezwykłym. Jednak potem, kiedy do jego domu wszedł „ten" biskup ubrany na biało, którego dotąd znał tylko z telewizji, o mało nie zemdlał. Jego żona, Bożena, wzruszyła się do łez, córki szybko podały gościowi drewniane kuchenne krzesło. Na tym krześle Jan Paweł II usiadł i zamienił z nimi parę słów jak przyjaciel rodziny. „Całe pokolenia dwa tysiące lat czekały na taką radość" – powiedział Stanisław.

W czasie tej ósmej pielgrzymki do ojczyzny doszło do rozmowy Ojca Świętego z grupą mieszkańców wsi Studzieniczna. „Nie jestem tu po raz pierwszy – powiedział Jan Paweł II, wspominając swoje wyjazdy na Mazury z czasów młodości – ale jako papież chyba po raz ostatni". „Nie!" – odkrzyknęli zebrani, natychmiast intonując *Sto lat*. W małej wiosce nad jeziorem Ojciec Święty dowiedział się bezpośrednio od rolników o trudnościach w sprzedaniu za godziwą zapłatę (tak, by można było z tego wyżyć) płodów ich ziemi. Sanktuarium w Studzienicznej jest małą kapliczką, którą Papież odwiedzał w przeszłości w czasie spływów kajakowych. W 1999 roku przybywał tam stateczkiem, siedząc na pokładzie i przesuwając w palcach paciorki różańca. Mieszkańcy wioski zgotowali mu entuzjastyczne przyjęcie, a proboszcz, ks. Zygmunt Kopiczko, po chwili modlitwy w kaplicy zaprosił go na obiad, częstując typowym daniem kuchni litewskiej: kołdunami przygotowanymi z ziemniaków, mięsa i cebuli. Później podano także wędzoną rybę i kieliszek czerwonego wina.

Pewnego razu we Włoszech, jadąc do Gran Sasso, Papież zatrzymał się, aby porozmawiać z pasterzem z tamtych stron i zapytać, jak mu się żyje. Enrico Marinelli, szef watykańskiego biura bezpieczeństwa, opowiada, że pewnego dnia Jan Paweł II spotkał chłopca, z którym przez dwie godziny spacerował po górskim szlaku: wyglądali razem jak dziadek z wnuczkiem. Inny znaczący epizod miał miejsce w Gwinei w 1992 roku na początku spotkania z młodymi na Palais du Peuple. Kiedy Papież miał wejść długimi schodami na podium, dziewczynka chora na poliomyelitis odeszła od matki i ruszyła w jego kierunku. Gdy Ojciec Święty ją zobaczył, poczekał na nią i, wziąwszy ją za rękę, wszedł po schodach. Zatrzymał ją przy sobie do końca ceremonii.

Jeśli ktoś chciałby odczytywać tego typu zdarzenia, przypisując je ludzkiej charyzmie czy owocowi doświadczenia teatralnego, popełniłby błąd. Jak pisze watykanista Domenico Del Rio, „pasją, głęboką troską Jana Pawła II było zawsze ukazanie światu najwspanialszej rzeczy na ziemi: miłości Boga, która uwiodła go i pociągnęła". Z każdego jego słowa, oddechu i gestu „przelewał się ów ból, to jego nadprzyrodzone zakochanie, zachwyt nad bóstwem, nad Chrystusem, czyli Bogiem, który zbliża się do człowieka".

Wędrowiec po wąskim tej ziemi trotuarze

Oto dlaczego wszystkie te historie, podobnie jak relacje z wielkich podróży, ważnych przemówień czy historycznych gestów, ukazują to samo serce, ten sam sens i cel. Zdradzają niepokój człowieka, który mówił o sobie: „Wędruję więc po wąskim tej ziemi trotuarze, / nie odwracając uwagi od Twojego Oblicza" (*Rozważanie o śmierci*); udrękę człowieka, który wołał: „Pozwól działać we mnie tajemnicy, naucz działania / w ciele, które słabość przenika / (...) Pozwól działać we mnie tajemnicy, naucz działania / w duszy, która z ciała przejmuje swój lęk".

Można więc zrozumieć, że za każdym czułym gestem Papieża stała pieszczota Boga, bo on sam czuł się obdarzany pieszczotami przez Boga.

Można zapytać, dlaczego Jan Paweł II chciał się spotykać z ludźmi, dlaczego głosił katechezę „na polach", dlaczego nie zrezygnował z niektórych spotkań. Aby odpowiedzieć na to pytanie, należy z uwagą wczytać się w to, co Papież powiedział w 1980 roku w leprozorium w Maritubie w Brazylii: „Otrzymywałem z wielu kolonii listy z zaproszeniami (...) Bóg wie, jak bardzo chciałem je wszystkie odwiedzić. Pozdrawiam was z ojcowską miłością. (...) To prawda, że nie mogę jak Pan Jezus uzdrawiać z chorób ciała, ale On da mi w swojej dobroci zdolność przyniesienia ulgi duchom i sercom (...). Dla mnie jesteście przede wszystkim osobami ludzkimi, bogatymi w wielką godność, którą kondycja osoby wam daje, obdarzonymi, każdy z osobna, jedyną i niepowtarzalną osobowością, z jaką Bóg go stworzył. Jesteście dziećmi Boga, który zna was i kocha. Jesteście teraz i na zawsze pozostaniecie moimi drogimi przyjaciółmi".

Możemy teraz zrozumieć wzruszenie malujące się na twarzach słuchaczy w większości zeszpeconych i zdeformowanych chorobą. Stał przed nimi Papież, który nie ograniczał się do nazywania ich przyjaciółmi, ale osobiście spotykał się z nimi tak, jak człowiek spotyka się ze starym przyjacielem, z najbliższymi, z dawno niewidzianą rodziną. Zresztą Jan Paweł II sam powiedział: „Chrystus nie zasłaniał się ani nie ukrywał swego cierpienia, przeciwnie, kiedy było ono najsroższe, prosił Ojca, by oddalił kielich (por. Mt 26,39). Lecz w głębi serca wyznawał jedno: «Jednak nie moja wola, lecz Twoja niech się stanie» (Łk 22,42). Ewangelia i cały Nowy Testament mówią nam, że krzyż tak przyjęty i przeżyty stał się odkupieniem" (Marituba, Brazylia).

Jezus i spływ kajakowy

Jan Paweł II podkreślał, iż Chrystus jest obecny w historii, ciągle przemienia ją i życie każdego człowieka. Dla Papieża uznanie, że Jezus wszedł w historię człowieka, oznaczało, że wszystko ma w jakiś sposób z Nim związek. Do młodych w 1962 roku ówczesny krakowski biskup pomocniczy powiedział: „Dlaczego ja poznaję siebie, poznaję swoje ja w jego ważności bezwzględnej tylko przy spotkaniu z Bogiem? (...) To się dzieje, ponieważ Bóg nie jest ani tylko siłą, ani tylko światłem. Bóg jest Kimś. – Kimś. I właśnie to spotkanie z Kimś, kto jest Bogiem, nadaje sens, nadaje poczucie bezwzględnej ważności mojemu życiu, mojemu ja. (...) Chrystus nikogo z nas nie odwodzi od niego samego. Chrystus nikogo z nas nie przekreśla, nie dewaluuje".

Tę pewność będzie wyrażał jeszcze wielokrotnie w następnych latach. W encyklice *Redemptor hominis*, pierwszej w pontyfikacie Jana Pawła II, poświęconej Chrystusowi Odkupicielowi człowieka, czytamy: „Kościół temu jednemu pragnie służyć, ażeby każdy człowiek mógł odnaleźć Chrystusa, aby Chrystus mógł z każdym iść przez życie mocą tej prawdy o człowieku i o świecie, która zawiera się w Tajemnicy Wcielenia i Odkupienia (...). Nie chodzi o człowieka «abstrakcyjnego», ale rzeczywistego, o człowieka «konkretnego», «historycznego». Chodzi o człowieka «każdego» – każdy bowiem jest ogarnięty Tajemnicą Odkupienia, z każdym Chrystus w tej tajemnicy raz na zawsze się zjednoczył".

Wiele lat później Jan Paweł II napisze w liście apostolskim *Novo millennio ineunte*: „Nie, nie zbawi nas żadna formuła, ale konkretna Osoba. (...) Nie trzeba zatem wyszukiwać «nowego programu». Program już istnieje (...). Jest on skupiony w istocie rzeczy wokół samego Chrystusa".

Dla Papieża Chrystus ma związek ze spływem kajakowym, z kazaniem głoszonym z ambony, z dziewczynką z boliwijskich favelas i chłopcem z wielkiej metropolii, z robotnikiem, którzy krzykiem wyraża swoją rozpacz, z więźniem i jego dawnymi przyjaciółmi, z którymi można dzielić się przeżyciami. Ojciec Święty chce wszystkim przybliżyć objęcia miłosierdzia Jezusa, który przyszedł na ziemię w konkretnym momencie historii i odtąd stoi na zawsze blisko każdego człowieka, nie po to, by usuwać zło, cierpienie i grzech, ale żeby brać je na siebie, wspólnie z nim dźwigać ich ciężar. Bóg stał się człowiekiem, małym dzieckiem „całkowicie zależnym od troski matki i ojca", jak powiedział Jan Paweł II w homilii w Betlejem w marcu 2000 roku, aby powiedzieć człowiekowi, że nie jest sam.

Kiedy patrzyło się na Jana Pawła II, najbardziej uderzało jego przenikliwe spojrzenie. Przeżywał i przyjmował każdą chwilę, każdą okoliczność, a przede wszystkim każdego człowieka jako „dar", o który należy dbać, a nie jako „stratę czasu", obowiązek do wykonania i „oczekiwanie, którego nie można zawieść". Wszystko, co dotyczyło człowieka, stanowiło dla niego wartość centralną, którą należało podkreślić, ukochać. Jedynie w ten sposób, na przykład, można pojąć uwagę, jaką poświęcał cyrkowcom, którzy ze swoimi pokazami nigdy nie czuli się obco w Watykanie. Jedynie dzięki temu możemy zrozumieć pozdrowienie skierowane do dziewczynki skulonej na ziemi za barierką. Można powiedzieć, że dla niego nikt i nic nie było pozbawione znaczenia, nic nie działo się na próżno, bo wszystko było znakiem łaski Boga, znakiem Jego miłości, odgłosem Niewidzialnego. Dla tego konkretnego człowieka Jan Paweł II poruszał się najpierw o własnych siłach, potem o lasce, a w końcu na wózku inwalidzkim. Miłość się nie oszczędza.

Mario Agnes, dyrektor „L'Osservatore Romano", pisze: „Jan Paweł II uczynił swoją duszę wewnętrznym niebem, a swoje życie heroiczną oblacją, ofiarą pozbawioną najmniejszej próby zachowania swojego życia. Jest to misterium bohatera, który w każdym miejscu i w każdej sytuacji zwraca się ku głębokim aspektom rzeczywistości, mocno opierając się na nich, a nie na pozorach. Papież stał się dzięki temu latarnią na drogach człowieka, na drogach ludzi".

Jan Paweł II ofiarował każdemu z nas i Kościołowi nawet swoją śmierć, jak możemy przeczytać w jego testamencie: „Przyjmując już teraz tę śmierć, ufam, że Chrystus da mi łaskę owego ostatniego Przejścia, czyli Paschy. Ufam też, że uczyni ją pożyteczną dla tej największej sprawy, której staram się służyć: dla zbawienia ludzi, dla ocalenia rodziny ludzkiej, a w niej wszystkich narodów i ludów (wśród nich serce w szczególny sposób się zwraca do mojej ziemskiej Ojczyzny), dla osób, które szczególnie mi powierzył – dla sprawy Kościoła, dla chwały Boga Samego". Ksiądz Tadeusz Styczeń, przyjaciel i uczeń Jana Pawła II, a także towarzysz jego górskich wędrówek oraz następca na katedrze na KUL, daje następującą zwięzłą i celną syntezę charyzmatu swojego mistrza: „Papież zafascynowany Bogiem ze względu na człowieka i zafascynowany człowiekiem ze względu na Boga".

W każdym momencie Pełnia

Możemy zapytać, kto jest człowiekiem pokornym i prostym: czy ten, kto zachowuje się z rezerwą, jest dobrze ułożony i ma powściągliwy charakter, czy raczej ten, kto ma serce zawsze wdzięczne, ponieważ ma świadomość, że zależy od kogoś Innego, kto spotyka się z nim przez konkretne i rozpoznawalne ludzkie twarze.

Aby odpowiedzieć na to pytanie, dobrze będzie przeczytać fragment homilii abp. Karola Wojtyły wygłoszonej podczas ingresu w katedrze wawelskiej. Tekst ten ukazuje to, co stanie się charyzmatem przyszłego papieża, czyli bezpośredniość i prostotę wynikającą z wewnętrznej głębi: „W tym miejscu pragnę pozdrowić tych, którzy przybyli z Borku Fałęckiego (...): zarówno robotników z kamieniołomów na Zakrzówku, jak i pracowników fabryki, szczególnie oczyszczalni wody". Także w *Darze i Tajemnicy* Jan Paweł II wspomina z głęboką wdzięcznością robotników, z którymi łączyła go przyjaźń. 1 marca 2003 roku Papież otworzył swoje serce przed młodymi alumnami z Papieskiego Seminarium Rzymskiego, ukazując raz jeszcze, że mimo upływu lat i pełnienia tak wysokiej funkcji, nie zapomniał o ludziach, którzy przyczynili się do dojrzewania jego powołania: „Tamto doświadczenie robotnika i zarazem «tajnego» alumna pozostało we mnie na całe życie. Przynosiłem ze sobą parę książek do fabryki na ośmiogodzinną zmianę, dzienną lub nocną. Moi koledzy robotnicy trochę się dziwili, ale nie oburzali. A nawet mówili mi: «Pomożemy ci, możesz sobie odpocząć, a my będziemy pilnować za ciebie». I dzięki temu mogłem także zdać egzaminy u moich profesorów".

Pokorne jest serce, które nie tylko z wdzięcznością pamięta takie chwile, ale wręcz uważa te proste gesty za ważne i decydujące momenty swojego życia i powołania: także od „okruchu chleba" zależy przeznaczenie człowieka. Uznanie tego, umiejętność odczytania ze szczegółów wezwania, powołania, wyższego planu właściwe są temu, kto przeżywa każdą chwilę jako odbicie Pełni, teraźniejszość jako odblask światła, które wszystko ogarnia i wszystko sobą napełnia. Być zawsze wdzięcznym. Taka postawa sprawia, że człowiek mówi „dziękuję", zawsze czuje się dłużnikiem. Zresztą Karol Wojtyła, kiedy został papieżem, nigdy nie zapomniał wyrażać całym sobą wdzięczności dla tych, którzy go wychowali i wspomagali. To znaczy, że uznał, iż to, jaki jest, zawdzięcza wielu ludziom znanym i mniej znanym, wykształconym i mniej wykształconym, których Bóg postawił na jego drodze. Jest w jakiś sposób zadziwiający fakt, że mówiąc o kamieniach milowych swojej formacji teologicznej i filozoficznej, po św. Janie od Krzyża wymienił pokornego i nieznanego polskiego krawca Jana Tyranowskiego, który wprowadził go w dojrzalszą wiarę.

Równie interesujące jest spostrzeżenie, że osoby, które miały szczęście być blisko Jana Pawła II, były poruszone jego postawą autentycznej wdzięczności wobec ludzi go otaczających. Augusto Coali, szef straży watykańskiej, mówił o tym dziennikowi „Avvenire": „Pewnego dnia po długiej wędrówce jego buty nasiąkły wodą i Papież nieustannie się ślizgał. Trzeba było zmienić obuwie na nowe, suche. Ale nie mieliśmy butów na zmianę. W końcu ja dałem mu swoje, które były suche, noszę ten sam numer, a on z całego serca mi podziękował. Był wielkim człowiekiem. Pokornym, prostym, zawsze uważającym na innych. Do nas zwracał się bezpośrednio nazywając nas po imieniu. Interesował się nami, naszymi rodzinami (...). Późnym wieczorem, kiedy odprowadzaliśmy Papieża do windy Nuncjatury Apostolskiej, zauważyliśmy, że jest bardzo zmęczony. Spontanicznie odezwałem się: «Ojcze Święty, Ojciec jest taki zmęczony!». A on spojrzał na mnie pełnym miłości wzrokiem i powiedział: «To raczej wy jesteście zmęczeni, cały dzień czuwaliście»".

André Frossard, ukazując wielką pokorę Jana Pawła II, zauważa, że choć był on obdarzony niepospolitą i błyskotliwą inteligencją, wolał zdobywać szczyty myśli teologicznej i filozoficznej w towarzystwie innych myślicieli: „Kiedy ma przed sobą podejście na trudny problem doktrynalny, wiąże się liną z Ojcami Kościoła, a każdy krok ubezpiecza wbijając haki z ustępów Pisma Świętego. Nie próbuje zdobywać zimą północnej ściany jakiegoś dogmatu bez zasięgnięcia rady wysokogórskich przewodników, jakimi są dobrzy teologowie". Ojciec Święty czynił tak zdaniem francuskiego pisarza nawet wówczas, gdy mógł dojść do konkluzji w sposób bezpośredni i samodzielny. Wiemy, że zarówno w Krakowie, jak i Rzymie otaczał się świetnymi współpracownikami, do których miał bezgraniczne zaufanie. Profesor Antonino Zichichi wspomina słynne spotkania organizowane przez Papieża, w których uczestniczyli naukowcy i filozofowie. Poświęcano je szczegółowym zagadnieniom, a w ich trakcie Ojciec Święty nie wahał się robić notatek.

Tylekroć dzięki Janowi Pawłowi II Kościół docierał gdzieś po raz pierwszy w historii, jednak on nigdy nie poczytywał tego za swoją zasługę. Być może działo się tak dlatego, że w odróżnieniu od „myśliciela, który nie umie uniżyć się przed przedmiotem swoich rozważań i na koniec myśli już tylko sam o sobie", Papież posiadał autentyczną pokorę serca stojącego wobec Boga, ową pokorę człowieka, który nie próbuje nigdy przeprowadzić „wywodu teologicznie doskonałego", ale poszukuje spotkania z Bogiem na krętych drogach historii.

Zanurzenie w Bogu

Głębokie zanurzenie w Bogu nigdy nie oznaczało dla Papieża wyłączenia się z rzeczywistości. Wręcz przeciwnie, Jan Paweł II do głębi ją przeżywał. Studiował w konspiracyjnym seminarium i chodził do pracy; w konspiracji bronił dziedzictwa polskiej kultury, grając po prywatnych domach w sztukach teatralnych; miał wielu przyjaciół wśród świeckich, z którymi spotykał się w Watykanie i w Castelgandolfo. Nie zapominajmy również o jego sportowych pasjach, w związku z którymi wyjeżdżał z przyjaciółmi na wycieczki. Poza tym nawet jako arcybiskup zawsze był w ruchu. Wykładał w Lublinie, pokonując setki kilometrów pociągami, wizytował parafie, a przede wszystkim musiał stawić czoło programowemu ateizmowi, który reżim komunistyczny usiłował narzucić narodowi polskiemu. Z tego właśnie powodu wcześnie dojrzała u niego idea nowej ewangelizacji, która nie oznaczała przede wszystkim szerzenia doktryny czy nawoływania do ogólnego zachowywania czystej obrzędowości lub norm moralnych. Wielokrotnie nazywano Jana Pawła II wielkim ewangelizatorem. Jak jednak ewangelizował? Przede wszystkim, jak próbowaliśmy to ukazać na poprzednich stronicach, Papież wychodził na spotkanie człowiekowi, każdemu człowiekowi, gdziekolwiek by się znajdował, w każdych warunkach, w jakich żył i pracował. Wychodził jako pierwszy, bez kalkulacji i bez ustalonych schematów. Nieraz musiał pokonywać trudności, niebezpieczeństwa czy niezrozumienie. Podróżował, kiedy był silny, ale nie przestał tego czynić, stając się przez to również przyczyną „zgorszenia", kiedy był chory, wyniszczając się do kresu sił. W trakcie podróży Jana Pawła II, a także w innych okolicznościach, rzeczą budzącą największe zdumienie była miłość z niego emanująca. Istnieje wiele świadectw ludzi, którzy mówili, że czuli się przez Papieża kochani, akceptowani, szanowani. Nie słyszeli od niego wyrzutów czy akademickich pouczeń, ale słowa zachęty; czuli się dowartościowani, zrozumiani i podniesieni na duchu. Wydawało się, że mówi do każdego z osobna, nawet w wielkim tłumie.

Ileż to razy później miłość Ojca Świętego przyjmowała konkretny wymiar nieustannej modlitwy za każdego człowieka zawierzanego co dzień Maryi i Miłosierdziu Bożemu. Karteczki z intencjami umieszczone na klęczniku, na którym się modlił, to nie legenda, ale powszednia rzeczywistość papieża pozostającego w ciągłym dialogu z Tajemnicą.

Jest jeszcze coś więcej. Oczywiście ewangelizacja dokonuje się również poprzez przemówienia, wykłady teologiczne, encykliki i orędzia, jednak trzeba mieć zawsze świadomość jednego: tylko Bóg może dotknąć serca człowieka, do którego ewangelizator kieruje swoje słowa. To Bóg nawraca, nie ten, kto głosi ewangelię. Metoda wybrana i praktykowana przez Papieża była nadzwyczaj prosta. Było to jego własne życie. Każdy, kto go spotykał, w pewnym sensie otrzymywał „jego życie".

Z tego, co dotąd powiedzieliśmy, wynika jasno, że Jan Paweł II był przede wszystkim duszpasterzem. On sam zresztą o tym mówił: „Tak się składało, że nie miałem w życiu zbyt wiele czasu na studiowanie. Z usposobienia jestem bardziej myślicielem niż erudytą – mówi w jednym z wywiadów udzielonych

André Frossardowi. – Stopnioweześrodkowanie uwagi na człowieku, na «niezwykłości» osoby, zrodziło się bardziej z doświadczenia i dzielenia doświadczeń z innymi, niż z samej lektury. Lektura, studium, z kolei refleksje oraz dyskusja (...) dopomagały w szukaniu i znajdowaniu wyrazu dla tego, co znajdowałem w szeroko rozumianym doświadczeniu. O tym wymiarze mego życia i działalności nie mogę wydać innego świadectwa, jak to że powołanie duszpasterza stale w jakiś sposób wyłaniało się z powołania naukowca-profesora, w jakiś sposób okazywało się od niego głębsze i silniejsze".

Papież wskazywał zatem drogę, pomagał i podtrzymywał w wędrówce po trudnych drogach świata i jako autentyczny pasterz wskazywał, że przylgnięcie do Chrystusa jest wielką szansą człowieka na zdobycie autentycznej wolności. Właśnie dlatego, że tak bardzo leżał mu na sercu los każdego człowieka, gotów był zaangażować się osobiście, ofiarowując samego siebie, swoje doświadczenie, bycie chrześcijaninem. Innymi słowy, bez fałszywej hipokryzji, przesadnej skromności i ukrywania własnej osoby otwierał swoje serce i dawał innym swoje życie jako widzialne świadectwo bezgranicznej miłości do Chrystusa. Było to szczególnie widoczne w sposobie, w jaki przedstawiał swój „wybór duszpasterski" młodym, a także dorosłym.

Spróbujmy poprzeć kilkoma przykładami to, co właśnie powiedzieliśmy. Jan Paweł II poświęcił różańcowi list apostolski, wygłosił wspaniałe homilie o Maryi, ale przede wszystkim on sam odmawiał różaniec, to on zawierzył się Matce Bożej, modląc się:

*Tobie oddaję wszystkie owoce
mego życia i posługi;
Tobie zawierzam losy Kościoła;
Tobie polecam mój naród;
Tobie ufam
i Tobie raz jeszcze wyznaję:
Totus Tuus, Maria!
Totus Tuus. Amen.*

(Polska, sierpień 2002)

Różaniec

Jan Paweł II był wiarygodny, kiedy zachęcał młodzież, by wraz z nim odmawiała różaniec. Ileż razy sam szedł do młodych ludzi. Był dla nich przyjacielem i traktował ich jak przyjaciół, nie czuli się przez niego osądzani czy pouczani, ale przede wszystkim kochani za to, kim są. 10 kwietnia 2003 roku, spotykając się z młodymi z okazji Światowego Dnia Młodzieży, mówił: „Przyjąć Maryję do swego domu, do swojego życia, to przywilej każdego wiernego. Przywilej przede wszystkim na chwile trudne, takie jak te, które i wy, młodzi, często przeżywacie w tym czasie swojego życia. Pamiętam jak takim momentem dla mnie, kiedy byłem młody i pracowałem w zakładach chemicznych, było odnalezienie tych słów: *Totus Tuus*. Mocą tych słów mogłem przejść przez doświadczenie strasznej wojny, straszliwą okupację nazistowską, a później także przez inne trudne powojenne doświadczenia. Możliwość przyjęcia Maryi do swojego domu, do swego życia, jest propozycją dla nas wszystkich. Dzisiaj, z tych właśnie motywów, chcę was zawierzyć Maryi. Najdrożsi, mówię to wam z doświadczenia, otwórzcie dla Niej drzwi waszego życia! Nie lękajcie się otworzyć na oścież drzwi waszych serc Chrystusowi za pośrednictwem Tej, która chce zaprowadzić was do Niego (...)! Ona pomoże wam wsłuchać się w Jego głos i odpowiedzieć «tak» na każdy plan, jaki Bóg przewidział dla was, dla waszego dobra i dla dobra całej ludzkości".

Jan Paweł II tak pisał o różańcu: „Od mych lat młodzieńczych modlitwa ta miała ważne miejsce w moim życiu duchowym. Przypomniała mi o tym z mocą moja niedawna podróż do Polski, a przede wszystkim odwiedziny Sanktuarium w Kalwarii. Różaniec towarzyszył mi w chwilach radości i doświadczenia. Zawierzyłem mu wiele trosk. Dzięki niemu zawsze doznawałem otuchy. Dwadzieścia cztery lata temu, 29 października 1978 roku, zaledwie w dwa tygodnie po wyborze na Stolicę Piotrową, tak mówiłem, niejako otwierając swe serce: różaniec «to modlitwa, którą bardzo ukochałem»" (*Rosarium Virginis Mariae*).

Papież otwierał wnętrze swojego serca nie tylko wówczas, kiedy, jak to miało miejsce w czerwcu 1997 roku, „rozmawiał z Mamą z ufnością dziecka, które pozwala się Jej prowadzić za rękę i tylko Jej ufa", jak to trafnie ujął Mario Agnes, ale także wówczas, gdy wyznawał, że „pięknie jest przebywać z Jezusem: spoczywając na Jego piersi jak umiłowany uczeń, możemy doznać nieskończonej miłości Jego Serca" (List z okazji 750-lecia Bożego Ciała, 1996). Czynił to również, gdy pisał: „Ileż to razy, moi drodzy Bracia i Siostry, przeżywałem to doświadczenie i otrzymałem dzięki niemu siłę, pociechę i wsparcie!" (*Ecclesia de Eucharistia*, 2003), po czym konkludował: „Od ponad pół wieku, począwszy od pamiętnego 2 listopada 1946 roku, gdy sprawowałem moją pierwszą Mszę św. w krypcie św. Leonarda w krakowskiej katedrze na Wawelu, mój wzrok spoczywa każdego dnia na białej hostii i kielichu, w których czas i przestrzeń jakby «skupiają się», a dramat Golgoty powtarza się na żywo, ujawniając swoją tajemniczą «teraźniejszość». Każdego dnia dane mi było z wiarą rozpoznawać w konsekrowanym chlebie i winie Boskiego Wędrowca, który kiedyś stanął obok dwóch uczniów z Emaus, ażeby otworzyć im oczy na światło, a serca na nadzieję".

Te zwierzenia to małe perełki, którymi Papież nas obdarowywał. Otrzymaliśmy też wielkie dary, takie jak jego osobisty akt wiary, który wypowiedział publicznie w uroczystość Wniebowzięcia w 2000 roku: „Tej wierze pragnę dać świadectwo wobec was, młodzi przyjaciele, na grobie apostoła Piotra, którego z woli Bożej jestem następcą jako Biskup Rzymu. Dziś ja, jako pierwszy, pragnę powiedzieć wam, że wierzę mocno w Jezusa Chrystusa, naszego Pana. Tak, wierzę...".

Młodzi ludzie potrzebują dorosłych, którzy jako pierwsi pokazaliby bez obaw i ociągania się, kim są i w co wierzą, a także bezpośrednio i z radością przekazaliby im piękno wiary. Z pewnością młodzież słucha dzisiaj świadectw, o ile są one poparte darem i ofiarą z własnego życia. W tym aspekcie nabierają znaczenia słowa wypowiedziane spontanicznie 29 maja 1994 roku: „Przez Maryję chciałbym dziś wypowiedzieć moją wdzięczność za dar cierpienia (...) Pragnę podziękować za ten dar. Zrozumiałem, że dar był potrzebny. Papież musiał znaleźć się w Poliklinice Gemelli, musiał się nie pokazywać w tym oknie przez cztery tygodnie, cztery niedziele, musiał cierpieć – podobnie jak musiał cierpieć trzynaście lat temu, tak i w tym roku. Raz jeszcze przemyślałem, rozważyłem to wszystko podczas mego pobytu w szpitalu. I raz jeszcze odnalazłem obok siebie wielką postać kard. Wyszyńskiego, Prymasa Polski (wczoraj minęła trzynasta rocznica jego śmierci). To on powiedział mi na początku pontyfikatu: «Jeśli Bóg cię powołał, masz wprowadzić Kościół w trzecie tysiąclecie». On sam wprowadził Kościół polski w drugie tysiąclecie chrześcijaństwa. Tak mi powiedział kard. Wyszyński. Zrozumiałem wtedy, że mam wprowadzić Kościół Chrystusowy w trzecie tysiąclecie przez modlitwę i wieloraką działalność, ale przekonałem się później, że to nie wystarcza: trzeba było wprowadzić go przez cierpienie – przez zamach trzynaście lat temu i dzisiaj przez tę nową ofiarę. Dlaczego właśnie teraz, dlaczego w tym roku, w Roku Rodziny? Właśnie dlatego, że rodzina jest zagrożona, rodzina jest atakowana. Także Papież musi być atakowany, musi cierpieć, aby każda rodzina i cały świat ujrzał, że istnieje Ewangelia – rzec można – «wyższa»: Ewangelia cierpienia, którą trzeba głosić, by przygotować przyszłość, trzecie tysiąclecie rodzin, każdej rodziny i wszystkich rodzin. Chciałem się podzielić tymi refleksjami podczas pierwszego spotkania z wami, drodzy rzymianie i pielgrzymi, na zakończenie miesiąca maryjnego, ponieważ ten dar cierpienia zawdzięczam Matce Bożej i to Jej za niego dziękuję. Zrozumiałem, że potrzeba było, bym dysponował tym argumentem wobec możnych tego świata. Znów mam się z nimi spotykać i rozmawiać. Jakich mogę użyć argumentów? Pozostaje mi ten argument cierpienia. Chciałbym im powiedzieć: zrozumcie to, zrozumcie, dlaczego Papież znów był w szpitalu, dlaczego cierpiał. Zrozumcie to, przemyślcie to jeszcze raz!".

Słowa te nie pozostawiają obojętnym, zmuszają do refleksji, prowokują, ponieważ są spójne z życiem człowieka, który je wypowiedział. Prorocze i w tajemny sposób realne jest również to, co Ojciec Święty powiedział do młodych w Madrycie 3 maja 2003 roku: „(...) wspominając tamte lata mojego życia, mogę was zapewnić, że warto oddać się sprawie Chrystusa i z miłości do Niego poświęcić się służbie człowiekowi. Warto oddać życie dla Ewangelii i dla braci!", czy też wyznanie uczynione wobec nich w 2004 roku: „Po prawie sześćdziesięciu latach kapłaństwa z radością mogę dziś złożyć przed wami wszystkimi moje świadectwo: wspaniale jest móc poświęcić się bez reszty Królestwu Bożemu!". To właśnie wszystko dokonało się w życiu Jana Pawła II.

Motyw przewodni: cierpienie

Rozpoczynamy refleksje nad motywem przewodnim całego życia i pontyfikatu Jana Pawła II, które – jak zobaczymy – ma wymiar raczej egzystencjalny niż intelektualny. Chodzi tu o cierpienie. Przede wszystkim Ojciec Święty nie tyle pozostawił po sobie egzegezy teologiczne na ten temat, co raczej pokazał, w jaki sposób on sam w ciągu życia konfrontował się ze światem cierpiących: „Wiem z własnego doświadczenia, przede wszystkim z okresu mojej młodości, że cierpienie ludzkie przede wszystkim mnie onieśmielało. Trudno mi było przez pewien czas zbliżać się do cierpiących, gdyż odczuwałem jakby wyrzut, że oni cierpią, podczas gdy ja jestem od tego cierpienia wolny. Prócz tego czułem się skrępowany, uważając, że wszystko, co mogłem im powiedzieć, nie ma pokrycia po prostu dlatego, że to oni cierpią, a nie ja. (...) Ale ten okres onieśmielenia przeszedł, gdy posługi duszpasterskie coraz częściej prowadziły do spotkania z cierpiącymi – i to na różne sposoby. Muszę tu dodać, że ów okres dominującego onieśmielenia przeszedł przede wszystkim dlatego, że dopomogli mi w tym sami cierpiący" (A. Frossard, *Nie lękajcie się! Rozmowy z Janem Pawłem II*).

Ileż pokory i szczerości w tych słowach Papieża, które mogą nam pomóc nie odczuwać zakłopotania, onieśmielenia, może nawet zawstydzenia wobec naszych słabości, kruchości i nędzy. Bardzo często czujemy się przecież nieswojo, kiedy mamy się spotkać z chorym. Jednocześnie te słowa budzą ufność i nadzieję, że zmiana może nastąpić także w nas. Trzeba również pamiętać, że wypowiedział je człowiek, który mówił o sobie: „W wieku dwudziestu lat byłem już pozbawiony wszystkich, których kochałem, a nawet tych, których mógłbym kochać". A zatem mimo młodego wieku patrzył on już w oczy śmierci, poznał okrucieństwa wojny, znał trud fizycznej pracy i lęk przed rozstrzelaniem, przeżył deportację swoich profesorów i widział, jak zamknięto seminarium, a z krakowskiej katedry uczyniono kwaterę główną SS. W 1962 roku, mówiąc podczas rekolekcji wielkopostnych do grupy młodych, stwierdził: „Tym pozytywem jest cierpienie. Może Was to zaskakuje

– mnie samego wciąż to zaskakuje. Zaskakuje mnie to, ile razy jestem przy łóżku człowieka czasem straszliwie cierpiącego. Dziś po południu usłyszałem takie zdanie, na które się zupełnie zgadzam: «O tym nie można nic wiedzieć, jeśli się tego nie przeżywa; myśli się o tym wówczas jak ślepy o kolorach». – Ślepy o kolorach... Nikt nie wie o cierpieniu poza cierpiącym. Ale jest fakt, że bardzo często od tych cierpień człowiek wraca zbudowany – to jest fakt. I sam nie dowierzałem, ale sprawdzam to bardzo często. I dlatego twierdzę, że cierpienie jest pozytywem. Jest bardzo trudnym pozytywem. Jeszcze jedno: jest pozytywem z pozycji Chrystusa i z naszej pozycji przy Chrystusie. (...) A poza tym zewnętrznym wyglądem i wyrazem cierpienia, jest jakiś jego wyraz wewnętrzny, jest jakaś tajemnica, która dzieje się w ludziach. (...) Kiedy się z nią spotkamy, spotkamy się z Chrystusem". A w innych okolicznościach, również zwracając się do młodych, powiedział: „Jeżeli z Ewangelii Krzyża uczynisz program swojego życia, jeżeli pójdziesz za Chrystusem aż na Krzyż, w pełni odnajdziesz samego siebie!".

Nie była to teoria czy okolicznościowe przemówienie, ale słowa odzwierciedlające autentyczne doświadczenie życia. Ich autor uważał je za prawdziwe przede wszystkim w odniesieniu do samego siebie. Wszystko to można było wyczytać z pontyfikatu Jana Pawła II: cierpienie nie stanowiło jednego z rozdziałów założonego programu duszpasterskiego, który należało zrealizować w oparciu o odpowiednią doktrynę teologiczną czy plan duszpasterski, ale wiązało się z konkretem życia. Wystarczy wrócić pamięcią do poruszających obrazów Papieża już unieruchomionego i nawet niezdolnego mówić podczas celebracji mszy świętej w Bratysławie na Słowacji lub gdy chwiejący się i zdeformowany modlił się na klęczniku przed grotą Massabielle w Lourdes. Urzeczywistniły się wówczas słowa, które wypowiedział czterdzieści lat wcześniej. Pomagają nam one zrozumieć to, co dla wielu z nas mogło wydawać się nie do pojęcia, a dla niektórych nawet nie do przyjęcia: misję chorego Papieża.

Jan Paweł II „dopełniał w swoim ciele udręki Chrystusa" świadomy tego, że miłość zwycięża jedynie przez krzyż. Można to było dostrzec z dramatyczną jasnością w czasie zamachu w 1981 roku. 24 maja tego roku przed modlitwą *Anioł Pański* powiedział: „Kiedy nazajutrz po wyborze na Stolicę Piotrową przybyłem z wizytą do polikliniki Gemelli, powiedziałem, że «pragnę oprzeć moje papieskie posługiwanie na tych, którzy cierpią». Opatrzność zrządziła, bym powrócił do polikliniki Gemelli jako chory. Potwierdzam dzisiaj przekonanie wypowiedziane wtedy: cierpienie, przyjęte w zjednoczeniu z cierpiącym Chrystusem, ma nieporównywalną z niczym skuteczność w urzeczywistnianiu Bożego planu zbawienia. Powtarzam za św. Pawłem: «Teraz raduję się w cierpieniach za was i ze swej strony w moim ciele dopełniam braki udręk Chrystusa dla dobra Jego Ciała, którym jest Kościół» (Kol 1,24)".

Przy wielu innych okazjach Papież wyrażał to samo przekonanie, mając na myśli wielu cierpiących, a także siebie samego, swoje osobiste doświadczenie cierpienia, a potem choroby. Nawet w ciągu ostatnich dwóch miesięcy życia Ojca Świętego, które możemy określić jako ostatnią stację jego długiej drogi krzyżowej, jaśniał w nim jak światło obraz Chrystusa w blasku Jego krzyża. Było to do tego stopnia oczywiste dla otoczenia, że kard. Silvano Piovanelli, florencki biskup senior, widział w Janie Pawle II „nie tylko kogoś, kto zatrzymywał się przy każdym krzyżu dzisiejszego człowieka, ale wręcz człowieka ukrzyżowanego".

Kiedy w lutym 2005 roku Papież leżał w poliklinice Gemelli, prosił o odczytanie następującego orędzia na Światowy Dzień Chorych: „Chrystus, umierając na krzyżu, wypełnił plan miłości Ojca i odkupił świat. Drodzy chorzy, jeśli zjednoczycie wasze cierpienia z męką Chrystusa, staniecie się Jego szczególnymi współpracownikami w dziele zbawienia dusz. Oto wasze zadanie w Kościele, który zawsze był świadomy roli i wartości choroby przeżywanej w świetle wiary. A zatem wasze cierpienie nigdy nie jest niepotrzebne, drodzy chorzy! Przeciwnie, jest cenne, bo pozwala uczestniczyć – w sposób tajemniczy, lecz rzeczywisty – w zbawiennej misji Syna Bożego. Dlatego dla Papieża tak wielką wartość mają wasze modlitwy i cierpienia: ofiarujcie je za Kościół i za świat; ofiarujcie je również za mnie i za moją misję Pasterza całego ludu chrześcijańskiego". Z polikliniki Gemelli mówił do nas 27 lutego 2005 roku: „Poprzez wpatrywanie się w Chrystusa i naśladowanie Go z cierpliwą ufnością jesteśmy w stanie zrozumieć, że każda ludzka postać bólu zawiera w sobie boską obietnicę zbawienia i radości".

Przed drogą krzyżową w ostatni Wielki Piątek swojego pontyfikatu Jan Paweł II prosił o odczytanie następującego orędzia: „Adoracja krzyża przypomina nam o zobowiązaniu, od którego nie możemy się uchylić - misji, którą św. Paweł wyraził w słowach: «dopełniam niedostatki udręk Chrystusa w moim ciele dla dobra Jego Ciała, którym jest Kościół» (Kol 1,24). I ja także ofiaruję moje cierpienia, aby dopełnił się Boży plan, a Jego słowo trwało wśród ludów. Jestem blisko tych wszystkich, którzy w tej chwili doświadczają cierpienia. Modlę się za każdego z nich".

Przeżywanie choroby z tą świadomością jest naprawdę perspektywą z innego świata: cierpienie przestaje być doświadczeniem degradującym i ograniczającym, a staje się „darem", jakby potężną siłą, główną i uprzywilejowaną drogą do bliskości z Chrystusem. Zresztą, jak mówił wielokrotnie Navarro-Valls, Jan Paweł II nie ukrywał ograniczeń fizycznych, ale włączał je w swoją posługę, w swoją misję. Pogodnie godząc się na swoją chorobę, aż do końca tracił swoje życie dla dobra Kościoła niczym żywa strona ewangelii. Takie przesłanie można odczytać w słowach wypowiedzianych przez bp. Wladimira Filo na zakończenie mszy świętej celebrowanej przez Papieża w Rożnawie na Słowacji: „Widzieliśmy dzisiaj tu, w Rożnawie, oblicze Chrystusa. Patrzeć na Ciebie, Ojcze Święty, to patrzeć na oblicze Chrystusa. Jego oblicze jest pełne cierpienia, a jednak jednocześnie radosne. Mówi nam ono, że uosobiony w Chrystusie ból tego świata, o ile zostaje przyjęty z wiarą i miłością, zyskuje moc odkupieńczą. Przez ból ten możemy zatem dotrzeć do radości wiecznej, która przewyższa cierpienie świata".

Może się to wydawać paradoksalne, ale tym człowiekiem nazywanym wielkim mówcą, który w czasie podróży apostolskich ukazywał całą swoją żywotność, siłę fizyczną, kierował jeden zamiar: być jedno z krzyżem Chrystusa i „ujrzeć Boga twarzą w twarz", jak sam powiedział w Indiach w 1986 roku. Kiedy czytamy jego wiersze, jasno dostrzegamy, że to było motorem całego jego życia.

Często myślę o tym dniu widzenia,
który pełen będzie zdziwienia
nad tą Prostotą,
z której świat jest ujęty,
w której przebywa nietknięty
aż dotąd
– i dalej niż dotąd.

A wtedy konieczność prosta coraz większą staje się
tęsknotą
za owym dniem,
który wszystko obejmie taką niezmierną Prostotą,
miłosnym tchem.

(*Pieśń o Bogu ukrytym*, 1944).

Jan Paweł II pisał: „Pragnę bardzo otwarcie podzielić się z wami uczuciami, jakich doznaję u schyłku mego życia, po ponad dwudziestu latach posługi na Stolicy Piotrowej i w oczekiwaniu na bliskie już trzecie tysiąclecie. Mimo ograniczeń mego wieku bardzo wysoko cenię sobie życie i umiem się nim cieszyć. Dziękuję za to Bogu! Pięknie jest służyć aż do końca sprawie Królestwa Bożego. Zarazem jednak głębokim pokojem napełnia mnie myśl o chwili, w której Bóg wezwie mnie do siebie – z życia do życia! Dlatego wypowiadam często – i bez najmniejszego odcienia smutku – modlitwę, którą kapłan odmawia po liturgii eucharystycznej: *In hora mortis meae voca me, et iube me venire ad te* – w godzinie śmierci wezwij mnie i każ mi przyjść do Siebie" (*List do osób w podeszłym wieku*). Rozdzierające słowa, które Papież powierza swoim przyjaciołom, ludziom tak jak on u schyłku życia. Zatem raz jeszcze nie przemówienia, ale świadectwo życia.

Jan Paweł II z okazji swoich osiemdziesiątych trzecich urodzin wypowiedział wzruszające słowa, do których trudno dodać jakikolwiek komentarz.

Ponieważ wypływają one z życia, uczą nas, w jaki sposób patrzeć na śmierć, uczą nas się nie bać. Jedyna możliwa droga to całkowite powierzenie się Bogu. Ojciec Święty tłumaczył nam wręcz, byśmy pozbyli się lęku, nawet widząc nasze błędy, braki i grzechy. Miłosierdzie Boże jest bowiem od nich większe, a poza tym nie jesteśmy sami: obok nas stoi zawsze Maryja. Jan Paweł II daje nam lekcję na temat śmierci, ale mówi przy tym o swojej własnej śmierci, ukazuje nam poruszenia i myśli swojego serca, daje wyraz radości odciśniętej na jego twarzy głębiej niż cierpienie: „Wczoraj w godzinach popołudniowych zakończyłem 83. rok życia i wkroczyłem w 84. Coraz pełniej uświadamiam sobie, że stale bliższy jest dzień, kiedy trzeba będzie stanąć przed Bogiem z całym tym życiem, i z okresem wadowickim, i z okresem krakowskim, i z okresem rzymskim: zdaj sprawę z włodarstwa twego! Ufam Miłosierdziu Bożemu i opiece Matki Najświętszej na co dzień, a zwłaszcza na ten dzień, w którym się wszystko ma wypełnić: na świecie, wobec świata i przed Bogiem" (Przemówienie do pielgrzymów z Polski, 19 maja 2003 roku).

Serce tak głęboko zanurzone w oddechu Boga musiało patrzeć na swoją śmierć jako na punkt kulminacyjny, chwilę, od której wszystko na nowo się zacznie, cel, dla którego się żyje. Jeszcze w czasie swojego pontyfikatu Jan Paweł II szedł z nami, niemal biorąc nas za rękę, drogą, która miała go ostatecznie doprowadzić do spotkania, dla którego rozdał całego siebie. Można powiedzieć, że Papież nauczył nas żyć, cierpieć, a także umierać. Jak ojciec pomógł nam przyjąć moment rozłąki, wypełniając go pełniejszym znaczeniem, aby nasze życie zostało podbudowane, a jego śmierć nie poszła na marne. Nawet w tamtej chwili powtarzał nam chociaż bez słów: „Nie lękajcie się!". Zachęcał nas, abyśmy szli za Chrystusem, abyśmy na oścież otwierali Mu drzwi i żyli dla Niego, ponieważ, jak to powiedział kiedyś do młodych: „Świat i człowiek karleją, jeśli nie otwierają się na Jezusa Chrystusa. Otwórzcie Mu serca i rozpocznijcie w ten sposób nowe życie, które będzie zgodne z zamysłem Bożym i zaspokoi wasze słuszne pragnienie prawdy, dobra i piękna" (Camagüey, 23 stycznia 1998 roku).

Oto dwa niezwykłe świadectwa na poparcie tego, co mówiliśmy, które nie wymagają żadnego komentarza czy podkreślenia. Siostry Maria Bambina (Dzieciątka Maryi), pracujące w poliklinice Gemelli, tak mówiły w czerwcu 2005 roku: „Wspomnienia tamtych dni są niezatarte. Pozwalał się pielęgnować z prostotą i pokorą, a za każdym razem, kiedy zbliżałyśmy się, aby wykonać jakąś posługę, błogosławił nas i głaskał z wyrazem wdzięczności na twarzy. Nigdy nie słyszałyśmy, żeby skarżył się na cierpienie, chociaż musiał prosić o pomoc we wszystkim. Tylko jeden raz, gdy popatrzył na swoje rozciągnięte, nieruchome w łóżku ciało umęczone licznymi kroplówkami, wyrwał mu się okrzyk: «Jestem jak Piotr: ukrzyżowany głową w dół...». Chciał jednak, chociaż go to w widoczny sposób męczyło, pozwolić, aby go oglądali liczni wierni i udzielał błogosławieństwa ręką będącą jedyną częścią ciała, którą mógł jeszcze samodzielnie poruszać. To było widoczne i poruszające świadectwo jego wielkiego człowieczeństwa, wyrażonego w krótkich, ale serdecznych komunikatach. Nawet jednak do ich wypowiedzenia musiał żebrać o cudzy głos. Byłyśmy zbudowane jego duchem modlitwy. Prosił, aby zawieszono krucyfiks na ścianie na wprost łóżka, i często zwracał nań swe spojrzenie, w całkowitym zawierzeniu Chrystusowi przez ręce Najświętszej Panny. «Totus Tuus» to pierwsze słowa, jakie napisał na tabliczce po powrocie z sali operacyjnej (...). Siostra Bartolomea, czuwając w nocy, kiedy zobaczyła, że bardziej cierpi, wzięła go za rękę, pogłaskała i ucałowała jego dłoń, mówiąc cichutko: «Wasza Świątobliwość, robię to także w imieniu wszystkich, którzy pragnęliby to zrobić, a nie mogą», a on popatrzył na nią i zdobył się na cień uśmiechu (...). W Wielkanoc, w czasie ostatniego orędzia walczył, aby udzielić tradycyjnego błogosławieństwa: próbował przemówić, ale z gardła wychodziło tylko rzężenie (...). To tak jakby w tym oknie ukazał się «Ecce Homo». (...) Był już w fazie terminalnej, z trudnościami oddechowymi, ale jeszcze świadomy... gotów na spotkanie ze swoim Panem. Wydawało się nam, że stoimy jak Maryja i Jan pod krzyżem".

Kardynał Dziwisz powie w jednej z homilii: „Piotrze, «gdy się zestarzejesz, wyciągniesz ręce swoje, a Inny cię opasze i poprowadzi, dokąd nie chcesz» (J 21,18b). Także to słowo-proroctwo, które Jezus powiedział Piotrowi, spełniło się w życiu Papieża Jana Pawła II. Tak, Chrystus nie oszczędził mu dni, a później lat cierpienia, ale nigdy – aż do ostatniego momentu – nie słyszałem słowa skargi. W chorobie i cierpieniu, we wszystkim, co sprawiało ból – nawet w zamachu – zawsze widział wolę Boga i Jego dobroć, umiał dostrzec większe dobro, które Bóg przygotował dla niego.

Pamiętam, że gdy musiał odejść od okna, nie mogąc przemówić do wiernych zgromadzonych na placu św. Piotra, powiedział: «Może lepiej, żebym umarł, jeśli nie mogę spełniać powierzonej mi misji». Zaraz jednak dodał: «Niech się spełni wola Twoja. Totus Tuus». Patrzyłem na jego życie i towarzyszyłem mu aż do chwili przejścia do domu Ojca i mogę potwierdzić, że tak było do ostatniego uderzenia serca" (Dzień Papieski, 16 października 2005 roku).

„Słowa uczą, przykłady pociągają". Tak, to prawda, słowa mogą pouczać, ale to świadkowie przekonują. Powiedział to swego czasu wielki papież Paweł VI, podkreślając, że w naszej epoce istnieje dużo większa potrzeba świadków niż nauczycieli, czy raczej nauczycieli, którzy byliby przede wszystkim wiarygodnymi świadkami. Taka od zawsze była droga Chrystusa, droga Kościoła. Mówił o tym Jan

Paweł II do młodych we wrześniu 1989 roku: „Święci są widzialnymi świadkami tajemniczej świętości Kościoła. Pozostają oni najbardziej ludzkimi z ludzi, a zarazem całe ich człowieczeństwo przeniknięte jest światłem Chrystusa. Poryw, który ich ożywiał, bynajmniej się nie starzeje. Myślę o świętych, których Kościół beatyfikuje i kanonizuje, ale także o tych wszystkich anonimowych świętych, którzy pozostają w ukryciu: to oni ratują Kościół od przeciętności, to oni reformują go od wewnątrz, powiedziałbym – «zarażają go» świętością przez bezpośredni kontakt i pociągają ku temu, czym być powinien. Papieże pochylają się ze czcią przed sługami Bożymi. Takimi jak proboszcz z Ars czy Ojciec Chevrier. Drodzy przyjaciele, przez świętych Bóg daje wam znak. Niech mi jednak wolno będzie zauważyć, że święci właściwie nigdy się nie starzeją i nie «przedawniają». Stale pozostają świadkami młodości Kościoła. Nigdy nie stają się tylko postaciami z przeszłości, zjawami jakiegoś «wczoraj». Wręcz przeciwnie, zawsze są ludźmi «jutra», ludźmi ewangelicznej przyszłości człowieka i Kościoła, świadkami «świata przyszłego». Święci dają nam znak, zostawiają znak swojego przejścia przez ziemię... Święci są zawsze cudem Bożym". Jan Paweł II nie mógł tego wiedzieć, ale mówił również o sobie.

Domenico Del Rio, znany dziennikarz i pisarz, początkowo nastawiony krytycznie w stosunku do Jana Pawła II, na pytanie kolegi i przyjaciela,

Luigiego Accattolego, watykanisty „Corriere della Sera", który odwiedził go kilka dni przed jego śmiercią w poliklinice Gemelli: „Chcesz coś komuś powiedzieć?", odpowiedział: „Papieżowi! Chciałbym, żeby Papież wiedział, że jestem mu wdzięczny; że dziękuję mu z pokorą za to, że pomógł mi wierzyć. Miałem wiele wątpliwości i wiele trudności w wierze. Przyszła mi z pomocą siła jego wiary. Kiedy widziałem, że miał tak niesamowicie silną wiarę, także moja wiara trochę się wzmacniała. Pomoc przychodziła, kiedy widziałem, jak się modli, jak zwraca się do Boga i to od wszystkiego go wybawia. Próbowałem robić to, co on. Wątpliwości nie przezwyciężyłem, ale przestałem zwracać na nie uwagę, tak jakbym wsadził je do worka i odłożył na bok, a sam zwrócił się do Boga, jak się tego nauczyłem od Papieża. Za to mu dziękuję. Nic mi tak nie pomogło, jak jego wiara".

„Zaprawdę, zaprawdę, powiadam wam: Jeśli ziarno pszeniczne wpadłszy w ziemię nie obumrze, zostanie samo jedno, ale jeśli obumrze, przynosi plon obfity" (J 12,24).

Jan Paweł II swoim nauczaniem, wiedzą teologiczną i filozoficzną, a także poezją zmienił serca i umysły wielu ludzi. Niektórzy mówią, że Papież przyczynił się do przemian w świecie, choć on za życia nigdy tej opinii nie podzielał. A wszystko to jeszcze mało, jeśli pomyślimy o tym, co wydarzyło się w ciągu długich lat jego cierpienia, a szczególnie już po jego śmierci. Wystarczyłoby po prostu przejrzeć świadectwa, które napłynęły ze wszystkich stron świata i zostały opublikowane w biuletynie „Totus Tuus", wydawanym przez biuro trybunału beatyfikacyjnego Jana Pawła II. Zacytujemy kilka przykładowych wypowiedzi: historii mężczyzn i kobiet, których życie zmieniło się dzięki spotkaniu z cierpiącym Papieżem, o twarzy będącej obrazem oblicza Tego, który cierpiał za nas.

„Nie obchodził mnie Bóg, który uczynił mnie sierotą w wieku jedenastu lat. Nie znałam Boga, Kościoła i w związku z tym także papieża... Wydawał mi się starym uparciuchem, który wierzył w coś, co nie istniało. Potem podali informacje o pogarszaniu się jego stanu i stało się coś niezwykłego... Widziałam mnóstwo zapłakanych twarzy, modlących się ludzi, a przede wszystkim młodych, którzy śpiewali... Czułam atmosferę dziecięcej miłości i oddania, miłości tak ogromnej, że pokonywała cień śmierci. To wtedy zadałam sobie pytanie, czy przypadkiem dotąd nie stałam po niewłaściwej stronie. Potem przyszła wiadomość o jego śmierci... Wybuchłam płaczem. Odczułam tak wielki ból, że mnie samą to zdumiało. Do dziś nie umiem sobie wytłumaczyć tego, co się wówczas stało: istnieje Bóg i istnieją ludzie zdolni ukazać wielkość miłości Boga nawet w chwili własnej śmierci. Jan Paweł II zdołał uświadomić mi to właśnie wtedy, kiedy nie mógł już mówić... Koniec końców ten «stary uparciuch» postawił na swoim" (B., trzydzieści lat).

„W naszej relacji były same problemy! Ale cuda się zdarzają! Mieliśmy tyle trudności! Nikt by nam nie powiedział, że «wszystko będzie dobrze». Ona – alkoholiczka, on – kłamca i niewierny... Jak to miało zadziałać? A jednak! Nasza miłość była silniejsza. Albo prowadził nas Bóg, albo Ty. Tak uważam. Tak, jesteśmy dla siebie nawzajem stworzeni i dzięki Tobie to zrozumieliśmy. Byłeś z nami w najtrudniejszych momentach... Tyle nam dałeś swoją śmiercią... Nasza dziewczynka jest zdrowa mimo alkoholu i narkotyków" (rodzina K., Niemcy).

„Kiedy znalazłem się w więzieniu, nie przypuszczałem, że coś tak nadzwyczajnego może się jeszcze w moim życiu wydarzyć. To był dla całego świata dzień smutku. Z wielką uwagą śledziłem chorobę papieża Jana Pawła II. W pewnym momencie prezenter powiedział, że prawdopodobnie Ojciec Święty nie żyje. Łzy spływały mi po policzkach. Zdałem sobie sprawę, że Ojciec Święty był mi bardzo bliski i że kochałem tego niezwykłego człowieka. Zaczęło się ze mną dziać coś niewytłumaczalnego. Ciepło przenikało moje serce i towarzyszyły mu łzy. Ja, który nic nie odczuwałem, teraz płaczę i czuję. Nigdy nie zapomnę słów, które wtedy wypowiedziałem: «Przebacz mi, Jezu Chryste, i ty też, Ojcze Święty». Prosiłem Chrystusa, żeby objął Ojca Świętego... W dniu swojej śmierci Jan Paweł II dostał od Boga ostatnie zadanie: otworzyć mi drzwi do nowego życia, życia w Jezusie Chrystusie" (Tomek, Polska).

3.
Karol Wojtyła i Ojciec Pio, przyjaźń świętych

Po krótkim przedstawieniu życia Jana Pawła II i po próbie dotarcia do „tajemnicy" jego duchowości chcemy się teraz przyjrzeć, na podstawie świadectw i dokumentów historii, szczególnej i mistycznej relacji Papieża z wielkim i powszechnie znanym świętym.

Stygmatyk z Gargano

Historia ta sięga swoim początkiem pierwszych lat powojennych. Papieżem był wówczas Pius XII, który żywił wielki szacunek dla Ojca Pio, kapucyna z San Giovanni Rotondo. Sprawa obdarzonego stygmatami zakonnika była już szeroko znana i pielgrzymi licznie przybywali do małego konwentu na półwyspie Gargano, aby się z nim spotkać, wyspowiadać u niego czy uczestniczyć w odprawianej przezeń mszy świętej. Był wśród nich także młody, bardzo szczupły ksiądz, o nieco zapadniętych policzkach, inkardynowany w diecezji krakowskiej. Wizyta Karola Wojtyły w San Giovanni Rotondo obrosła legendą. Bardzo wiele na jej temat już powiedziano. Jedyne spotkanie przyszłego papieża i Ojca Pio dało asumpt do powstania wielu plotek. Niektórzy twierdzili między innymi, jakoby zakonnik miał przepowiedzieć ks. Wojtyle wybór na papieża oraz krwawy zamach na placu św. Piotra.

Po 13 maja 1981 roku wiele gazet opublikowało rzekomą przepowiednię, którą w czerwcu 1981 roku zacytował również oficjalny miesięcznik kapucynów „Bolletino dei Cappuccini d'Italia" w artykule podpisanym przez o. Egidio Ricucci: „Widzę plamy krwi na twojej białej sutannie", „Będziesz papieżem we krwi", „Zostaniesz papieżem, a twoje panowanie będzie krótkie". Kapucyńska publikacja opierała się na relacjach, które ukazały się drukiem, i zawierała także domniemany komentarz, jaki główny zainteresowany miał wygłosić na temat proroctwa: „Ponieważ nie ma najmniejszej możliwości, bym został papieżem, mogę być też spokojny o całą resztę. Mam swojego rodzaju gwarancję, że nic złego mi się nie stanie".

Na wstępie wiadomości zamieszczony jest artykuł dyrektora „Gazzetta del Mezzogiorno" Giuseppe Giacovazza, który informację o proroctwie otrzymał od angielskiego dziennikarza Petera Nicholsa. Z kolei źródłem Nicholsa miał być pewien brytyjski benedyktyn. Jest rzeczą interesującą, że Giacovazzo twierdzi, jakoby dowiedział się o proroctwie na rok przed zamachem na Jana Pawła II, a nie już po fakcie. To wydaje się czynić epizod bardziej wiarygodnym.

Tak więc podczas krótkiej rozmowy z ks. Karolem Ojciec Pio miał „widzieć" przyszłość i dostrzec strzały na placu św. Piotra. Jednak, jak zobaczymy, nie tak się rzeczy toczyły. Dyrektor stacji TeleRadio Padre Pio, Stefano Campanella, w swojej książce *Papież i zakonnik* zrekonstruował z dbałością o szczegóły i wiarygodność świadectw całe zdarzenie i udało mu się po raz pierwszy ustalić w miarę dokładnie moment, w którym ks. Karol spotkał się ze świętym z Gargano, i inne nieznane wcześniej, a niezwykle interesujące okoliczności.

Relacja mistyczna

Warto zatrzymać się nad tym spotkaniem dwóch wybitnych postaci Kościoła XX wieku, ponieważ stało się ono początkiem ważnej, mistycznej relacji, która miała trwać przez wiele lat, chociaż ci dwaj ludzie, ks. Wojtyła i Ojciec Pio, nie mieli się już nigdy więcej osobiście spotkać.

Zacznijmy jednak po kolei. Na początek wypada powiedzieć, że spotkanie przyszłego papieża i przyszłego świętego nie miało miejsca, jak zawsze uważano i wielokrotnie pisano, w 1947 roku, kilka miesięcy po święceniach Karola Wojtyły, ale rok później w czasie świąt wielkanocnych. W 1948 roku największe święto chrześcijaństwa przypadało 28 marca. W jednym z następnych dni, czyli między poniedziałkiem 29 marca, a niedzielą 4 kwietnia, korzystając z ferii, polski kapłan wybrał się do Gargano. Dzięki dr Wandzie Półtawskiej, która zapytała o to wprost Jana Pawła II, Stefano Campanella otrzymał notatkę podyktowaną przez samego Papieża i przez niego podpisaną, która szczegółowo rekonstruuje przebieg tej wizyty. Księdzu Wojtyle towarzyszył nieco młodszy kolega za studiów, wówczas jeszcze kleryk, ks. Stanisław Starowieyski, który wraz z nim przyjechał z Krakowa i podobnie jak on mieszkał w Kolegium Belgijskim.

Jan Paweł II pisze w swojej autobiografii *Dar i Tajemnica*: „Pod koniec listopada nadszedł czas wyjazdu do Rzymu. W oznaczonym dniu wsiadłem do pociągu z wielkim wzruszeniem. Wyjeżdżaliśmy razem ze Stanisławem Starowieyskim, moim młodszym kolegą, który miał odbyć w Rzymie całe studia teologiczne. Po raz pierwszy znalazłem się poza granicami Ojczyzny. Patrzyłem z okna wagonu na znane mi z podręczników geografii miasta. Po raz pierwszy oglądałem Pragę, Norymbergę, Strasburg i Paryż, gdzie zatrzymaliśmy się w Seminarium Polskim, przy rue des Irlandais. Czas naglił, więc wyjechaliśmy wkrótce do Rzymu, w ostatnich dniach listopada. Najpierw skorzystaliśmy z gościnności Księży Pallotynów. Pamiętam, że w pierwszą niedzielę po przyjeździe udaliśmy się ze Stanisławem Starowieyskim do Bazyliki św. Piotra, aby uczestniczyć w uroczystym nabożeństwie ku czci nowego błogosławionego. Z daleka widziałem postać Papieża Piusa XII, niesionego na *sedia gestatoria*.

Dnia 21 grudnia 1986 roku, czterdzieści lat po swoim przyjeździe do Rzymu, Jan Paweł II odprawił mszę w Kolegium Belgijskim, wspominając raz jeszcze imię dawnego towarzysza studiów: „Przybyłem obchodzić to misterium w Kolegium Belgijskim, które przyjęło mnie w gościnę czterdzieści lat temu – powiedział wówczas Ojciec Święty. – Noszę w pamięci pełne wzruszenia i wdzięczności wspomnienie gościnności, jaką mnie otaczano przez dwa lata studiów teologicznych w Rzymie, zaraz po moim wyświęceniu na kapłana. Moim towarzyszem w tych studiach był mój rodak Stanisław Starowieyski z Krakowa, wówczas seminarzysta. Siedziba kolegium mieściła się przy via del Quirinale pod numerem 26. Kardynał Maximilien de Fürnstenberg był wówczas rektorem i jestem mu wdzięczny za dobroć, z jaką kierował naszą małą kapłańską rodziną".

Ksiądz Starowieyski, niezwykły świadek owego pierwszego i ostatniego spotkania Karola Wojtyły ze świętym z Gargano, pełnił swoją duszpasterską posługę w Brazylii, gdzie zmarł w 1986 roku.

Wróćmy zatem do Rzymu, stolicy chrześcijaństwa, gdzie znalazło się dwóch studentów z kilkoma groszami w kieszeni. To tam właśnie według wszelkiego prawdopodobieństwa ks. Wojtyła usłyszał o Ojcu Pio, o opinii świętości, jaka go otaczała, o stygmatach, a także o kontrowersjach wokół jego osoby. Ksiądz Karol postanowił udać się do San Giovanni Rotondo w celach ukazanych w zapiskach, w których posiadanie wszedł dziennikarz Stefano Campanella: „Aby zobaczyć Ojca Pio i uczestniczyć w jego mszy świętej i, jeśli to możliwe, żeby się u Niego wyspowiadać". Jednak Campanella poddaje jeszcze inny, dodatkowy, a bardzo prawdopodobny powód. Wiemy, że w lipcu 1947 roku ks. Karol zdał egzamin licencjacki z teologii, otrzymując maksymalną ocenę, jak również, że zaczął już wówczas pracować nad doktoratem. Jego temat jest znany: doktryna wiary według św. Jana od Krzyża, mistyka i wielkiego mistrza duchowości. „Być może wśród wielu powodów podróży ks. Wojtyły do regionu Puglia – pisze w swojej rzetelnie udokumentowanej książce Campanella – była również chęć poznania żyjącego mistyka «którego sława świętości roznosiła się po świecie»".

Modlitwa wlana

Nie powinniśmy jednak zapominać o tym, co przekazał nam kard. Andrzej Deskur, wielki przyjaciel

Wojtyły. Przyszły papież w momencie przyjęcia święceń kapłańskich otrzymał szczególny dar, dar „modlitwy wlanej", co oznacza, jak mieliśmy możność przekonać się w poprzednim rozdziale, „przyzwolenie, aby Duch cię prowadził... Za pomocą objawień i wewnętrznego dialogu. Z tej intymnej relacji z Bogiem wszystko bierze początek". Nie możemy więc wykluczyć, że i ten motyw kierował ks. Wojtyłą, kiedy postanowił on poznać Ojca Pio. Nie możemy nie brać pod uwagę możliwości, że przyszły papież był w pewien sposób do San Giovanni Rotondo „wezwany".

Księża Karol i Stanisław przyjechali do miasteczka w Apulii pociągiem, tym samym środkiem lokomocji, którym przybyli z Krakowa do Rzymu. Dotarli do Gargano wieczorem w któryś dzień w Oktawie Wielkanocy. Wojtyła, jak sam stwierdza we własnoręcznie pisanej relacji, zdołał „zamienić kilka słów" z zakonnikiem naznaczonym stygmatami. „Kilka słów", nic więcej. Z pewnością mistyk pokroju Ojca Pio umiałby powiedzieć wiele nawet w ciągu krótkiej chwili. Miałby czas na wypowiedzenie rzekomej przepowiedni: „Widzę plamy krwi na twym białym habicie". Jak jednak zobaczymy, tematem tej krótkiej rozmowy nie były bynajmniej wizje prorockie.

Tamtej nocy księża zatrzymali się w domu Marii Basilio, która mieszkała naprzeciw małego przyklasztornego kościółka. Pochodząca z Turynu kobieta była jedną z pierwszych duchowych córek Ojca Pio, którego poznała trzydzieści lat wcześniej, w odległym 1918 roku. Od tego czasu wielokrotnie powracała do San Giovanni Rotondo, a w końcu postanowiła osiedlić się tam na stałe. Świadkowie opisują ją jako niewiastę żarliwej modlitwy, łagodną, pokorną, bardzo przywiązaną do stygmatyka.

Następnego ranka jeszcze przed wschodem słońca ks. Karol i jego towarzysz czekali na rozpoczęcie mszy świętej sprawowanej przez Ojca Pio w kościółku Matki Bożej Łaskawej. Jednak zacytujmy wyjątkowy dokument będący świadectwem Jana Pawła II, który otrzymał i opublikował Stefano Campanella wkrótce po śmierci Papieża w maju 2005 roku. Wojtyła uczestniczył „we mszy świętej (odprawianej przez Ojca Pio – przyp. aut.), która trwała długo i w czasie której widziało się na Jego twarzy, że On głęboko cierpi. Zobaczył «Jego ręce sprawujące Eucharystię – miejsca stygmatów były przysłonięte czarną przepaską...»". Wraz z innymi doświadczał owego szczególnego przekonania, «że tu na ołtarzu w San Giovanni Rotondo spełnia się ofiara samego Chrystusa, ofiara bezkrwawa, a równocześnie te krwawe rany na rękach kazały myśleć o całej tej ofierze, o Ukrzyżowanym». W jego pamięci odcisnęła się osoba zakonnika: «jego postać, jego obecność, jego słowa»".

Było to wrażenie wspólne dla wszystkich, którzy mieli możność uczestniczenia we mszy, celebrowanej przez świętego kapucyna zawsze z oddaniem, pobożnością i zaangażowaniem, tak iż nikt nie mógł pozostać obojętnym. Po mszy świętej ks. Wojtyła wyspowiadał się u zakonnika zgodnie z pragnieniem, z jakim przybył z Rzymu. Papież powiedział o tym publicznie podczas uroczystości kanonizacyjnych Ojca Pio w Rzymie, w słoneczną czerwcową niedzielę 2002 roku.

Ojciec Pio – spowiednik

Jan Paweł II podczas kanonizacji kapucyna stwierdził najpierw: „Ojciec Pio był hojnym szafarzem Bożego Miłosierdzia, stając się dyspozycyjnym dla wszystkich poprzez otwartość, kierownictwo duchowe, a szczególnie przez sprawowanie sakramentu pojednania". Potem, odrywając wzrok od kartki z przygotowaną homilią, dodał: „Także i ja, będąc młodym kapłanem, miałem przywilej skorzystać z jego dyspozycyjności wobec penitentów. Posługa konfesjonału, która stanowi jeden z charakterystycznych rysów jego apostolstwa, przyciągała niezliczone rzesze wiernych do klasztoru w San Giovanni Rotondo. Nawet wtedy, gdy ten szczególny spowiednik traktował pielgrzymów z pozorną surowością, kiedy tylko zdawali sobie sprawę z ciężaru grzechu i okazywali szczerą skruchę, prawie zawsze powracali w przynoszące pokój objęcia sakramentalnego przebaczenia".

Bardzo znamienna jest wzmianka o znanej surowości Ojca Pio w stosunku do penitentów. Wśród rozmaitych relacji, jakie krążą na temat spotkania Karola Wojtyły z zakonnikiem, istnieje jedna, której pochodzenia nie da się ustalić, a którą przekazał mi mec. Antonio Pandiscia, autor wielu publikacji na temat Ojca Pio i stały bywalec San Giovanni Rotondo. „Mówi się, że Ojciec Pio był trochę surowy w stosunku do ks. Wojtyły – powiedział mi Pandiscia w 1995 roku – z powodu działalności teatralnej, której Karol się poświęcał, i przyjaźni łączącej go z kilkoma koleżankami ze studiów".

Jednak i ta relacja, jak dodał zaraz potem adwokat, była bezpodstawnym wymysłem. Wojtyła był przecież aktorem, zanim wstąpił do seminarium. Poza tym jest rzeczą doprawdy mało prawdopodobną, aby Ojciec Pio, który sam porozumiewał się ze swoimi duchowymi córkami językiem wzbudzającym nieufność przedstawicieli Świętego Oficjum, miał za złe młodemu kapłanowi jego niewinne przyjaźnie. To prawda, że ks. Karol, który odczuł powołanie kapłańskie, będąc już dorosłym człowiekiem, i nie nawykł do atmosfery panującej w kurii, zawsze był raczej nonkonformistą. Jednak to samo można powiedzieć o jego rozmówcy, który otrzymał wiele darów nadprzyrodzonych i umiał w niezwykle trafny sposób ocenić, z kim ma do czynienia. Zresztą sam Jan Paweł II w prywatnej notatce przekazanej Stefano Campanellemu (który zobowiązał się opublikować ją dopiero po śmierci Papieża) dodał, że „przy spowiedzi Ojciec Pio okazał się spowiednikiem mającym proste, jasne rozeznanie i do penitentów odnosił się z wielką miłością" (*Papież i zakonnik*).

Relacja o rzekomej surowości kapucyna w stosunku do młodego Wojtyły została zdementowana także przez polskiego arcybiskupa Edwarda Nowaka, byłego sekretarza Kongregacji ds. Świętych. A więc żadnych reprymend, ale spotkanie dwóch ludzi głębokiej wiary, wówczas już ciężko doświadczonych przez życie. Karola Wojtyłę głęboko uderzyła świętość stygmatyka i wielkie tłumy otaczające jego konfesjonał.

Proroctwo na temat zamachu

Jak zasygnalizowaliśmy już na poprzednich stronach, nazajutrz po zamachu na placu św. Piotra, w którym Jan Paweł II został ciężko postrzelony, tak że jego życie było w niebezpieczeństwie, pojawiły się głosy mówiące o rzekomym proroctwie wypowiedzianym przez Ojca Pio w San Giovanni Rotondo w Oktawie Wielkanocy w 1948 roku. Mówiono także i pisano, że epizod ten nie został nigdy oficjalnie zdementowany ani przez Watykan, ani przez samego zainteresowanego, a i tak ta informacja krąży i bywa cytowana. W rzeczywistości jednak, jak zobaczymy, sam Papież autorytatywnie zaprzeczył tym rewelacjom. Z pewnością fakt, że Ojciec Pio nie wypowiedział przypisywanych mu słów podczas swojego jedynego spotkania z młodym ks. Wojtyłą, nie oznacza, że nie wypowiedział ich w ogóle. Zakonnik mógł wyjawić proroctwo któremuś ze swoich współpracowników, a nie samemu zainteresowanemu, chociaż w tym momencie nie mamy żadnego potwierdzenia takiej wersji.

Wróćmy jednak do sprostowania. Pierwszy raz o słynną przepowiednię zapytał Jana Pawła II o. Flavio Roberto Carraro, biskup Arezzo, a następnie Werony, który był wówczas generałem Zakonu Braci Mniejszych Kapucynów. Przeczytajmy, co pisze o. Carraro w świadectwie przesłanym do wicepostulatora procesu beatyfikacyjnego i kanonizacyjnego Ojca Pio, o. Gerardo Di Flumeri, które włączono do akt procesowych:

„Nasz kochany brat i wielki Postulator Generalny, Ojciec Bernardino Romagnoli, powiedział mi pewnego dnia: «Wiele się mówi na temat proroctwa Ojca Pio, w którym miał przepowiedzieć Papieżowi jego pontyfikat; chciałbym wiedzieć, czy to prawda. Czy Ojciec ma możliwość uzyskania informacji w tej sprawie?».

Wysłuchałem pytania z zainteresowaniem. Zresztą również ja chciałem znać prawdę, a trafiała się wspaniała okazja, by o to zapytać. Było to 2 lutego 1984 roku. Ojciec Święty przybył z wizytą do parafii św. Hipolita, którą obsługiwali nasi współbracia z Turynu. Byłem obecny na tym spotkaniu. Gdy zakończył się program duszpasterski,

Ojciec Święty zatrzymał się w domu naszych braci na krótki odpoczynek i małą przekąskę. Był to czas wspaniałej, franciszkańskiej radości. Papież dobrotliwie żartował sobie z długiej, falistej i siwej brody Brata Luigiego (kucharza i osoby niezastąpionej we wspólnocie), powtarzając: «Oh, venerabilis barba Capucinorum!» (O, wielce czcigodna brodo kapucyńska – przyp. tłum.). Potem zadawał mi pytania dotyczące Zakonu i tak skomentował moje odpowiedzi: «Nade wszystko trzeba przyznać, że Zakon Kapucynów jest jednym ze zgromadzeń, które najbardziej dochowały wiary swojej duchowej tradycji». Skomentowałem to wtedy nieśmiało: «Jeżeli Wasza Świątobliwość to mówi...». Kontynuowaliśmy konwersację, mówiąc o niektórych naszych Świętych i o Ojcu Pio. Był to opatrznościowy moment; przypomniałem sobie prośbę Ojca Bernardino i ośmielony dobrotliwością Ojca Świętego powiedziałem: «Wasza Świątobliwość, nie chciałbym być niedyskretny, czy mogę jednak zadać jedno pytanie dotyczące Ojca Pio?». Ojciec Święty skinął głową. «Pojawiają się głosy, że gdy Wasza Świątobliwość był z wizytą u Ojca Pio, on przepowiedział Waszej Świątobliwości, że będzie Papieżem...». «Nie, to na pewno nie!...» – odpowiedział Ojciec Święty, przedłużając «e», a po krótkiej przerwie dodał: «To prawda, że prosiłem go o modlitwę w intencji pewnej ciężko chorej kobiety, która teraz jest zdrowa... Ale pontyfikat – nie».

Wizyta w San Giovanni Rotondo

Świadectwo o. Carraro zacytował w przededniu beatyfikacji Ojca Pio w kwietniu 1999 roku „Messaggero di Sant'Antonio".

Drugie dementi miało miejsce kilka lat później, w 1987 roku, w czasie wizyty Jana Pawła II w San Giovanni Rotondo. W aktach procesu kanonizacyjnego czytamy: „Podczas wizyty apostolskiej w San Giovanni Rotondo, w maju 1987 roku, Ojciec Święty Jan Paweł II zamieszkał w Domu Ulgi w Cierpieniu. Podczas kolacji prezes szpitala, J.E. Riccardo Ruotolo, otwarcie zapytał o to Papieża. Odpowiedź była negatywna" (*Positio super virtutibus* Vol. I/1, s. 428).

Szczegóły tej rozmowy przedstawił ks. prałat Ruotolo, który został później biskupem pomocniczym Manfredonii, w wywiadzie udzielonym Stefano Campanellemu i zamieszczonym w książce *Papież i zakonnik*:

„Chciałem zapytać Ojca Świętego o to, o co rano pytali mnie dziennikarze: «Czy to prawda, że Ojciec Pio przepowiedział Ojcu Świętemu, że będzie Papieżem i że niestety będzie cierpiał, ponieważ widział krew w jego przyszłości?».

Papież był precyzyjny: «Mówiłem to również poprzednio (rzeczywiście powiedział to także kapucynom) nie powiedział mi tego»".

Ostatnie świadectwo, którego nie opublikowano aż do śmierci Jana Pawła II, przekazał Campanellemu kard. Deskur, osobisty przyjaciel i kolega ze studiów Ojca Świętego, od czasu konklawe w 1978 roku przykuty do wózka inwalidzkiego z powodu wylewu:

„Nie mówił tego do mnie, lecz powiedział w mojej obecności innemu polskiemu biskupowi, który go zapytał: «Ojcze Święty, mówi się, że Ojciec Pio przewidział Ojca męczeństwo i pontyfikat. Czy to prawda?».

«Nie – powiedział – to absolutnie nieprawdziwe. Z Ojcem Pio rozmawialiśmy jedynie o jego stygmatach. Zapytałem go tylko, który ze stygmatów sprawia mu największy ból. Byłem przekonany, że to ten w sercu. Ojciec Pio bardzo mnie zaskoczył mówiąc: 'nie, najbardziej boli mnie ten na ramieniu, o którym nikt nie wie, i który nie jest nawet opatrywany'. Ten stygmat sprawiał największy ból»".

Fakt wyjawiony przez kard. Deskura jest prawdziwą rewelacją. Stefano Campanella pisze: „O tej ranie Ojca Pio właściwie nikt nie wiedział, aż do jego śmierci. Nic nie wiadomo o tym, by komukolwiek o niej mówił, za wyjątkiem przyszłego Papieża, lub by zostawił o niej jakieś świadectwo albo przynajmniej jakąś pisemną wzmiankę. Jedynie raz Ojciec Pio zwierzył się swojemu ziomkowi, świeckiemu bratu Modestino Fucci, «że jednym z największych jego cierpień był ból, którego doświadczał, gdy zmieniał podkoszulek»".

Sam brat Modestino opowiada, że ta rozmowa z przyszłym świętym odbyła się przed celą numer 5 klasztoru w San Giovanni Rotondo, w której stygmatyk mieszkał najdłużej. Brat Modestino nie pojął wówczas znaczenia słów Ojca Pio: „Pomyślałem wówczas, że ból ten pochodził być może z rany, którą czcigodny Ojciec miał na żebrach". Zrozumiał je dopiero trzy lata po śmierci świętego z Gargano, 4 lutego 1971 roku. Gwardian klasztoru powierzył mu zadanie zapieczętowania w odpowiednich celofanowych pojemnikach odzieży Ojca Pio i wszystkich przedmiotów jego osobistego użytku. Wówczas trafił do jego rąk wełniany podkoszulek używany przez zmarłego zakonnika, na którym zauważył „widoczny, okrągły ślad krwawej wybroczyny, o średnicy około dziesięciu centymetrów, na prawym ramieniu, blisko obojczyka". Silny ból w czasie zmiany podkoszulka, na który skarżył się Ojciec Pio, mógł pochodzić właśnie od tej tajemniczej rany, o której nikt nie wiedział. Brat Modesto przypomniał sobie w tym momencie, że czytał kiedyś „modlitwę na cześć rany znajdującej się na ramieniu naszego Pana, którą spowodowało twarde drzewo krzyża. Odkryło ono trzy najświętsze kości, co powodowało straszliwy ból". Zatem „jeżeli Ojciec Pio odczuwał cały ból męki Chrystusa, niewykluczone jest, że cierpiał również z powodu bólu pochodzącego z rany na ramieniu".

Brat Modestino opowiedział o tym ojcu Pellegrino, przez długi czas towarzyszącemu stygmatykowi, który przypomniał sobie, że „pomagając wielokrotnie Ojcu przy zmianie wełnianego podkoszulka, który nosił, prawie zawsze zauważał, raz na prawym a raz na lewym ramieniu, krwawą okrągłą wybroczynę". Jednak brat Modestino nie był do końca przekonany co do swojego odkrycia. Potrzebował jeszcze jakiegoś potwierdzenia.

„Wieczorem, przed zaśnięciem, z wielką wiarą pomodliłem się do niego następująco: «Drogi Ojcze, jeżeli naprawdę miałeś tę ranę na ramieniu, daj mi jakiś znak na potwierdzenie tego», a następnie poszedłem spać. Dokładnie o godzinie pierwszej pięć w nocy, gdy spokojnie spałem, obudził mnie niespodziewany, silny ból ramienia. Miałem wrażenie, jakby ktoś nożem odciął mi ciało, odsłaniając obojczyk. Gdyby ten ból trwał jeszcze przez kilka minut, chyba bym umarł. Jednocześnie usłyszałem głos, który mi powiedział: «Ja tak cierpiałem!». Intensywny zapach otoczył mnie i wypełnił całą celę. Czułem, jak moje serce wypełnia Miłość Boża. Doświadczyłem jeszcze jednego, dziwnego uczucia: pozbawienie mnie tego strasznego cierpienia było jeszcze bardziej bolesne. Ciało chciało je odrzucić, lecz dusza, w niewyjaśniony sposób, pragnęła go. Ból był ogromny, lecz zarazem niesamowicie słodki. Wtedy zrozumiałem i miałem pewność, że Ojciec Pio oprócz stygmatów na rękach, stopach i boku, a także biczowania i koronowania cierniem, był nowym Cyrenejczykiem, który przez lata pomagał Jezusowi nieść krzyż naszego ubóstwa, naszych win i naszych grzechów. Na tym podkoszulku znajdował się tego niezatarty ślad!".

O tej ranie, jak wyjaśnia Stefano Campanella, zaczęto mówić publicznie dopiero w 1987 roku podczas kongresu poświęconego stygmatom Ojca Pio, który odbył się w dniach 16-20 września w San Giovanni Rotondo. Ksiądz Gaetano Intrigillo, delegat regionu Puglia z Międzynarodowego Centrum Badań nad Całunem Turyńskim, miał wygłosić referat *Ewangelie, całun i stygmaty Ojca Pio*. Potrzebował w związku z tym informacji, czy zakonnik z Gargano miał jakieś „znaki" na ramionach, jako że u człowieka, którego postać w tajemniczy sposób odbiła się na lnianym płótnie przechowywanym w Turynie, widoczne są „krwawe wybroczyny i otarcia skóry o czworobocznej formie, spowodowane przez chropowatą i ciężką rzecz obciążającą ramiona, powodującą rozdarcie uszkodzeń ciała powstałych od bicza". Odpowiedziano mu, że nic na ten temat nie wiadomo. Ksiądz Intrigillo zdołał jednak dokonać oględzin podkoszulka Ojca Pio i czerwonawą plamę na ramieniu określił jako „znak uszkodzeń ciała na prawym ramieniu, które można przypisać tradycyjnemu noszeniu całego krzyża".

Należy zaznaczyć, że na Całunie Turyńskim znaki obecne są na obydwu łopatkach: „Na wysokości lewej łopatki i powyżej prawej łopatki obserwuje się dwie prostokątne wybroczyny, mogące stanowić ślad nacisku ciężkiego, szorstkiego przedmiotu, który można utożsamić z *patibulum*, poprzeczną belką krzyża, niekiedy niesioną przez skazańca na miejsce egzekucji".

W każdym razie o ranie na ramieniu Ojca Pio, której istnienie wyszło na jaw w 1971 roku, od 1948 roku wiedział jedynie ks. Karol Wojtyła. Wyobrażano sobie, że święty z Gargano roztoczył przed polskim kapłanem wizję na temat jego przyszłości, a tymczasem w prywatnej rozmowie stygmatyk wyjawił mu istnienie owej rany, o której nigdy by nie powiedział. Z tej rekonstrukcji widać wyraźnie, że Ojciec Pio „widział" coś w Wojtyle. W San Giovanni Rotondo doszło do spotkania dwóch mistyków. Chociaż zakonnik nie przepowiedział Karolowi Wojtyle pontyfikatu, intuicyjnie wyczuwał on, że ów szczupły polski kapłan go rozumie, „widział", że ów młody ksiądz odegra decydującą rolę w przyszłej historii Kościoła. Tylko w ten sposób można wytłumaczyć zwierzenie, w innym przypadku bezpodstawne, jakie święty z Gargano uczynił swojemu gościowi, po raz pierwszy i ostatni spotkanemu właśnie kilka dni po Wielkanocy w 1948 roku.

Stefano Campanella w drugim wydaniu książki *Papież i zakonnik* dodaje ważne świadectwo potwierdzające wyjątkowość relacji łączącej świętego z Gargano z Janem Pawłem II. Ukochana duchowa córka Ojca Pio, Cleonice Morcaldi, zwróciła się pewnego dnia do zakonnika z pytaniem, jaka rana sprawia mu największe cierpienie. Było to zatem to samo pytanie, jakie zadał przyszłemu świętemu młody Wojtyła. Jednak, inaczej niż miało to miejsce w kwietniu 1948 roku, Ojciec Pio nie powiedział jej nic o ranie na ramieniu, ograniczając się do stwierdzenia, że wielki ból sprawiają mu rany na głowie. Kobieta zapytała też kiedyś, czy Chrystus niósł krzyż na obydwu ramionach, czy tylko na jednym. „Tylko na jednym" – padła odpowiedź Ojca Pio.

Jedynie zatem Karol Wojtyła dostąpił przywileju poznania owej ukrytej rany, o której istnieniu nie wiedzieli nawet najbliżsi duchowi synowie i córki kapucyna. Podobne doświadczenie zgodnie z tradycją pobożności ludowej spotkało św. Bernarda z Clairveaux. Święty przeor zapytał na modlitwie Jezusa, jakie było Jego największe fizyczne cierpienie podczas męki. (Podobne pytanie zadali Wojtyła i Morcaldi świętemu z Gargano). „Została mu udzielona następująca odpowiedź: «Miałem ranę na ramieniu, spowodowaną dźwiganiem krzyża, na trzy palce głęboką, w której widniały trzy odkryte kości. Sprawiła Mi ona większe cierpienie i ból aniżeli wszystkie inne. Ludzie mało o Niej myślą, dlatego jest nieznana, lecz ty staraj się objawić ją wszystkim chrześcijanom całego świata.

Wiedz, że o jakąkolwiek łaskę prosić Mnie będą przez Tę właśnie Ranę, udzielę jej. I wszystkim, którzy z miłości do tej Rany uczczą Mnie odmówieniem codziennie trzech *Ojcze nasz* i trzech *Zdrowaś Maryjo*, daruję grzechy powszednie, ich grzechów ciężkich już więcej pamiętać nie będę i nie umrą nagłą śmiercią, a w chwili konania nawiedzi ich Najświętsza Dziewica i uzyskają łaskę i zmiłowanie Moje»".

Istnieje jeszcze inna modlitwa, swego czasu drukowana na obrazkach, która posiadała imprimatur władz kościelnych. Brzmi ona tak: „O Najukochańszy Jezu mój, Ty najcichszy Baranku Boży, ja, biedny grzesznik, pozdrawiam i czczę tę Ranę Twą Najświętszą, która Ci sprawiała ból bardzo dotkliwy, gdy niosłeś krzyż ciężki na Swym Ramieniu – ból cięższy i dotkliwszy niż inne Rany na Twym Świętym Ciele. Uwielbiam Cię, oddaję cześć i pokłon z głębi serca. Dziękuję Ci za tę najgłębszą i najdotkliwszą Ranę Twego Ramienia. Pokornie proszę, abyś dla tej srogiej boleści Twojej, którą wskutek tej Rany cierpiałeś, i w imię Krzyża Twego ciężkiego, któryś na tej Ranie Świętej dźwigał, ulitować się raczył nade mną, nędznym grzesznikiem, darował mi wszystkie grzechy i sprawił, abym wstępując w Twoje krwawe ślady, doszedł do szczęśliwości wiecznej. Amen".

Kardynał Giuseppe Siri tak powiedział o Ojcu Pio: „Stygmatami, które nosił, a także innymi cierpieniami fizycznymi i duchowymi Ojciec Pio kieruje uwagę ludzi ku Ciału Chrystusa jako narzędziu zbawienia... Jest to prawda tak ważna, że ilekroć w ciągu wieków ludzie o niej zapominali lub próbowali ją wypaczyć, Bóg interweniował przez niezwykłe wydarzenia, znaki i cuda. W naszych czasach istnieje ogromna pokusa, by przeczyć realności Ciała Chrystusa. I Bóg posłał nam tego człowieka z zadaniem przywołania nas do prawdy".

Przepowiednia

W świetle epizodu o ukrytej ranie, który wskazuje na szczególną więź łączącą obydwu mistyków, możemy teraz na chwilę powrócić do słynnej (i zdementowanej) przepowiedni na temat pontyfikatu. Wiadomo, że Ojciec Pio posiadał dary nadprzyrodzone, a rozmowa o stygmatach, której punktem kulminacyjnym stało się ujawnienie przez zakonnika istnienia ukrytej i nieznanej rany, jest interesującą wskazówką, podobnie jak fakt, że dyrektor „Gazzetta del Mezzogiorno" Giuseppe Giacovazzo dowiedział się o proroctwie przed zamachem, a nie po nim. Campanella tak pisze: „Czy kiedykolwiek miało miejsce proroctwo wypowiedziane przez Ojca Pio i czy wypowiedział On je bezpośrednio przyszłemu Papieżowi, czy też komuś innemu? Być może komuś obecnemu w San Giovanni Rotondo w kwietniu 1948 roku... Jan Paweł II bowiem trzy razy precyzyjnie odpowiedział, gdy chciano się dowiedzieć, czy stygmatyzowany Brat jemu przepowiedział pontyfikat. Nie można przecież wątpić w słowa Papieża".

Campanella rekonstruuje również ostatni szczegół, któremu z pewnością nie można przypisywać przesadnie dużego znaczenia, ale który pokazuje, że już w 1948 roku Ojciec Pio „dostrzegał" coś ważnego w przyszłości młodego polskiego księdza. O tym epizodzie opowiedział naoczny świadek, przebywający wówczas w San Giovanni Rotondo ks. Pierino

Galeone, duchowy syn i współpracownik Ojca Pio. Kiedy ks. Wojtyła znajdował się jeszcze po mszy w kościółku konwentu w San Giovanni Rotondo, stygmatyk puścił oko do ks. Galeone, wskazując mu wzrokiem polskiego kapłana. Ksiądz Galeone nie zrozumiał wówczas, o co chodzi, ale podszedł do ks. Wojtyły i zapytał: „Czy mogę księdzu w czymś pomóc?".

Okruchy, wspomnienia, szczegóły, wrażenia. Mamy prawo zapytać, dlaczego święty z Gargano zwrócił szczególną uwagę na ks. Karola i dlaczego czternaście lat później, kiedy bp Wojtyła poprosił go, by modlił się o cud, Ojciec Pio odpowiedział, że „jemu nie można odmówić". Stwierdzenie to, udokumentowane i pewne, może oznaczać tylko jedno: Ojciec Pio coś „zobaczył", spotkał się z kimś, kto miał stać się jedną z największych postaci w Kościele XX wieku i kto miał wiele cierpieć. Przyszłemu papieżowi Ojciec Pio nic na ten temat nie powiedział, ale być może komuś innemu wspomniał o przyszłości kapłana, o którym w 1948 roku nikt nie mógł przypuszczać, że będzie następcą apostoła Piotra.

Prośba o cud

Nie wydaje się, by jakiekolwiek inne bezpośrednie kontakty łączyły Karola Wojtyłę z Ojcem Pio po owej wizycie w 1948 roku. Jak widzieliśmy, młodzieńczy okres rzymski przyszłego papieża zakończył się stosunkowo szybko: czekała go praca duszpasterska w Polsce.

Dziesięć lat po spotkaniu w San Giovanni Rotondo, po latach, które Wojtyła spędził, wykładając na uniwersytecie i prowadząc duszpasterstwo dla młodzieży, z którą dzielił także czas wakacyjnego wypoczynku, w ostatnim okresie pontyfikatu Piusa XII nadeszła z Rzymu nominacja na biskupa sufragana krakowskiego. Nominacja ta była pod pewnymi względami zaskakująca, ponieważ Karol miał wówczas zaledwie trzydzieści osiem lat. Jego kandydaturę zaproponował Stolicy Świętej krakowski ordynariusz abp Eugeniusz Baziak, następca kard. Adama Sapiehy. Jednak wiadomość przekazał ks. Wojtyle prymas Polski, kard. Stefan Wyszyński.

Kiedy w lipcu 1958 roku ks. Wojtyła przebywał z grupą studentów na wakacjach na Mazurach, kard. Wyszyński wezwał go do Warszawy. „Słysząc słowa Ks. Prymasa zwiastujące mi decyzję Stolicy Apostolskiej – pisze Jan Paweł II w książce *Wstańcie, chodźmy!* – powiedziałem: «Eminencjo, ja jestem za młody, mam dopiero trzydzieści osiem lat». Ale Prymas na to: «To jest taka słabość, z której się szybko leczymy. Proszę się nie sprzeciwiać woli Ojca Świętego». Więc powiedziałem jedno słowo: «Przyjmuję». «No, to pójdziemy na obiad», zakończył Prymas".

Jeszcze bardziej interesujące są prorocze słowa, które dzień później skierował pod adresem elekta abp Baziak: „Następnego dnia zgłosiłem się zatem do księdza arcybiskupa Eugeniusza Baziaka na ul. Franciszkańską 3 i wręczyłem mu list od Ks. Prymasa. Pamiętam jak dziś, że Arcybiskup wziął mnie pod rękę i wyprowadził do poczekalni, gdzie siedzieli księża, i powiedział: *Habemus papam*. W świetle późniejszych wydarzeń można powiedzieć, że były to słowa prorocze".

W lipcu 1962 roku, po śmierci abp. Baziaka, bp Wojtyła został wybrany wikariuszem kapitulnym i to on faktycznie kierował diecezją do swojej nominacji arcybiskupiej, która nastąpiła z woli Pawła VI w 1964 roku.

Wróćmy jednak do roku 1962, w którym wydarzył się „cud", o który prosił bp. Wojtyła w liście napisanym po łacinie i doręczonym Ojcu Pio. W Rzymie zmienił się papież: Pius XII zmarł w październiku 1958 roku, kilka dni po konsekracji biskupiej młodego ks. Wojtyły. Na tronie Piotrowym zasiadł Jan XXIII, papież, który postanowił zwołać II Sobór Watykański. Otwarcie prac zgromadzenia, które miało zmienić oblicze Kościoła katolickiego, naznaczając jego historię, przewidziano na 11 października 1962 roku. Karol Wojtyła jako biskup był z urzędu uczestnikiem soboru. 5 października wyruszył pociągiem do Wiecznego Miasta razem z innymi polskimi dostojnikami, a następnie uczestniczył w pracach pierwszej sesji II Soboru Watykańskiego, która trwała do 8 grudnia.

Właśnie w dniach, kiedy bp Wojtyła wyjechał z Krakowa do Włoch, dr Wanda Wojtasik-Półtawska, lekarz psychiatra, trafiła do szpitala. Wówczas czterdziestoletnia żona Andrzeja Półtawskiego znała bp. Karola Wojtyłę od piętnastu lat. W czasie wojny spędziła cztery lata w nazistowskim obozie koncentracyjnym w Ravensbrück. Po jej zakończeniu, kiedy Polska po latach okupacji hitlerowskiej została wyzwolona przez Rosjan i w Europie podzielonej na dwie części dostała się w strefę wpływów Związku Sowieckiego, rozpoczęła na Uniwersytecie Jagiellońskim studia medyczne. W tym czasie Karol Wojtyła, wówczas jeszcze kleryk, został wiceprzewodniczącym organizacji studenckiej Bratnia Pomoc.

Jak wiemy, ks. Wojtyła po okresie studiów w Rzymie (kiedy to miało miejsce jego spotkanie z Ojcem Pio) wrócił do ojczyzny i został przez swojego arcybiskupa skierowany do posługi wikarego w wiejskiej parafii w Niegowici. Następnie przeniesiono go do parafii św. Floriana w Krakowie. Właśnie w tym czasie został kapelanem studentów medycyny, wśród których znalazła się także Wanda Wojtasik.

Młody ksiądz prowadził bardzo aktywne życie i już wówczas został zauważony przez tajne służby reżimu komunistycznego, które postanowiły mieć go na oku ze względu na ruch, jaki stworzył w krakowskiej parafii. Organizował spotkania modlitewne, dyskusje, wyjazdy. Wówczas to poznał Wandę. Młodego, błyskotliwego kapłana uderzył fakt, że dziewczyna przebywała podczas wojny w obozie koncentracyjnym i ma za sobą to straszliwe doświadczenie. Wielokrotnie bowiem w obliczu śmierci tylu przyjaciół z dzieciństwa i ze studiów, w obliczu niewysłowionych cierpień, które stały się udziałem tylu jego rówieśników w czasie wojny, Wojtyła zadawał sobie pytanie: „Dlaczego mnie to nie spotkało? Czemu ja przeżyłem?". Nabierał przekonania, że inni cierpieli za niego, że przeżył dzięki ich cierpieniu. Dla Wandy i jej narzeczonego, który wkrótce został jej mężem, ks. Karol stał się najważniejszym punktem odniesienia, przyjacielem, niemal bratem. Tak było aż do końca: dr Półtawska miała wstęp do apartamentów w Watykanie, by rozmawiać z Papieżem, przez niemal wszystkie dwadzieścia siedem lat jego pontyfikatu.

Młodym, którym ks. Wojtyła służył jako duszpasterz, przekazał silną i żarliwą wiarę, a także miłość do polskiej tradycji. Formował młodych ludzi, którzy w przyszłości mieli założyć rodziny i stać się aktywnymi uczestnikami krakowskiego życia kulturalnego. Towarzyszył ich krokom w narzeczeństwie, błogosławił związki małżeńskie, chrzcił dzieci. Był księdzem, a potem biskupem, jedynym w swoim rodzaju, zupełnie pozbawionym księżowskiej maniery; biskupem, który z powodu czerwonej sutanny nie rezygnował z górskich wycieczek czy spływów kajakowych. Istnieją bardzo wymowne fotografie, rozchwytywane zaraz po wyborze Karola Wojtyły na papieża, pokazujące go w czasie pikniku w lesie, razem z rodzinami jego studentów, którzy tymczasem zostali już rodzicami, czule bawiącego się z dziećmi. Taki był bp Wojtyła, taki był kard. Wojtyła i papież Jan Paweł II.

W rodzinie Andrzeja i Wandy przyszły papież odnalazł namiastkę własnej rodziny, kiedy został już bezlitośnie sam po przedwczesnej śmierci wszystkich najbliższych. Cztery córeczki Półtawskich znały go dobrze i lubiły się z nim bawić. Nazywały go „wujkiem". „Wujkiem Karolem" był również dla studentów, z którymi dzielił trudy nauki, niepokój o losy zniewolonej totalitaryzmem ojczyzny, plany i aspiracje, a także czas wolny.

Powróćmy do owego października 1962 roku. Wikariusz kapitulny Krakowa bp Wojtyła wyjeżdżał do Rzymu, mając jedno zmartwienie więcej. Wiedział, że Wanda Półtawska jest chora. Zdawał sobie sprawę, że coś poważnego zakłóciło pokój w tej wspaniałej rodzinie, której narodzinom i rozkwitowi przez lata towarzyszył. Gdy w Rzymie przeżywał pierwsze chwile emocjonujących wydarzeń soborowych, otrzymał telegram od Andrzeja Półtawskiego, męża Wandy. Stan kobiety pogorszył się, leżała w krakowskim szpitalu onkologicznym. Opiekował się nią prof. Michałowski, ordynator, który przed pacjentką nie ukrywał prawdy. Powiedział jej, że istnieje niewielkie prawdopodobieństwo, że nie jest to gwałtownie rozwijający się nowotwór, ale stan zapalny. Tylko pięć procent szans. Jeśli natomiast jest to rak, a wszystko na to wskazuje, sytuacja jest beznadziejna, ponieważ zmiany chorobowe w jelicie są zbyt rozległe, a nie można przecież wyciąć go w całości.

Możemy wyobrazić sobie smutek na twarzy bp. Wojtyły po przeczytaniu telegramu; smutek, który zaraz zamienił się w modlitwę, w wołanie do Boga, aby oszczędził życie tej młodej matki. Jednak biskup nie poprzestał na tym. Przypomniał sobie to, co wydarzyło się czternaście lat wcześniej, owo krótkie, ale głębokie spotkanie z zakonnikiem w klasztorze Kapucynów w San Giovanni Rotondo. Postanowił zwrócić się do niego, jak do ojca, jak do przyjaciela, jak do świętego.

Był 17 listopada 1962 roku. Prace soborowe nabierały rozmachu i stało się jasne, że II Sobór Watykański prędko się nie skończy: od kilku dni trwała zażarta dyskusja, pierwszy „konflikt" doktrynalny dotyczący dokumentu o źródłach Objawienia. Tego ranka przed śniadaniem bp Wojtyła oderwał się od lektury materiałów soborowych. Wyjął z teczki arkusz z nagłówkiem *Curia Metropolitana Cracoviensis*, papier listowy krakowskiej kurii, którą de facto kierował. Rozpoczął pisanie listu po łacinie, w języku liturgii Kościoła katolickiego, rozbrzmiewającym co dnia w auli soborowej, pozwalającym ludziom z różnych narodów wchodzić ze sobą w dialog.

Oto oryginalny tekst listu bp. Karola Wojtyły:

„*Roma, die 17.XI.1962.*

+ Venerabilis Pater,
rogo te orationem fundere pro quadam matre quattuor puellarum, quadraginta annorum, Cracoviae in Polonia (durante ultimo bello per quinque annos in campo cancentrationis in Germania), nunc in periculo gravissimo sanitatis et etiam vitae ratione canceris: ut Deus ei eiusque familiae misericordiam suam instante Beatissima Virgine ostendat.

In Christo obligatissimus
+ Carolus Wojtyla
episcopus titularis Ombitanus
vicarius capitularis cracoviensis
in Polonia
Pontificio Collegio Polacco
Piazza Remuria 2 A
Roma".

A oto polskie tłumaczenie:

„Wielebny Ojcze,
proszę o modlitwę w intencji czterdziestoletniej matki czterech córek z Krakowa w Polsce (podczas ostatniej wojny przebywała pięć lat w obozie koncentracyjnym w Niemczech), obecnie ciężko chorej na raka i będącej w niebezpieczeństwie utraty życia: aby Bóg przez wstawiennictwo Najświętszej Dziewicy okazał swoje miłosierdzie jej samej i jej rodzinie.

W Chrystusie bardzo zobowiązany
+ Karol Wojtyła
Biskup Tytularny Ombi
Wikariusz Kapitulny Krakowa
w Polsce".

Zauważmy, że w liście przyszły papież pisze, że dr Półtawska przebywała w obozie w Ravensbrück pięć lat, a nie cztery, jak to było w rzeczywistości. Można też w nim wyczuć pewność bp. Wojtyły, że życie przyjaciółki jest w wielkim niebezpieczeństwie i z tego powodu postanawia się zwrócić do kapucyńskiego stygmatyka. Zauważmy poza tym, że Wojtyła podpisuje się jako „biskup tytularny Ombi". Jak wiadomo, biskupi pomocniczy, również ci pracujący w Kurii Rzymskiej, są biskupami tytularnymi diecezji, które już nie istnieją, zazwyczaj na terenach w przeszłości chrześcijańskich, lub starożytnych miast niebędących już stolicami diecezji. Biskup Karol Wojtyła był więc biskupem tytularnym Ombi, miejscowości w starożytnej Tebaidzie.

Po napisaniu listu bp Wojtyła obracał go w rękach. Był przekonany, że wybrał słuszną drogę, zwracając się do świętego z Gargano. Teraz trzeba było doręczyć szybko i pewnie prośbę do rąk własnych Ojca Pio. Biskup zwrócił się do swego serdecznego przyjaciela, dawnego kolegi z seminarium, obecnie pracującego w Kurii Rzymskiej bp. Andrzeja Marii Deskura, podsekretarza Papieskiej Komisji Kinematografii, Radia i Telewizji, dziś przekształconej w Papieską Radę ds. Środków Społecznego Przekazu. Deskur przebywał wówczas z powodu nagłej choroby w szpitalu, ale przekazał misję swemu przyjacielowi, bp. Guglielmo Zannoniemu. Biskup Zannoni pracował w Sekretariacie Stanu jako tłumacz języka łacińskiego i był z kolei zaprzyjaźniony z pewnym świeckim pracującym w sekretariacie w Pałacu Apostolskim, komturem Angelo Battistim. Ów ostatni znał bardzo dobrze Ojca Pio, ponieważ odwiedzał go od 1941 roku, stał się jego duchowym synem i administratorem Domu Ulgi w Cierpieniu. W końcu tygodnia Battisti i Zannoni, zostawiwszy sprawy urzędowe za murami Watykanu, udali się do San Giovanni Rotondo.

A zatem Battisti otrzymał list, nie wiedząc nic o jego treści ani o nadawcy, który wówczas nie był jeszcze osobą znaną powszechnie w Kościele. List dotarł do niego przed południem tego samego dnia, 17 listopada 1962 roku. „Wyruszyłem do San Giovanni Rotondo popołudniem. Wieczorem następnego dnia, 18 listopada, udałem się na rozmowę do Ojca Pio i pierwszą rzeczą, którą zrobiłem, było przekazanie mu listu". Ostatecznie kilka linijek spisanych po łacinie wyraźnym, stanowczym charakterem pisma dotarło do rąk kapucyna. Co wówczas się stało? „Ojciec Pio kazał mi go otworzyć i przeczytać". „Byłem zdziwiony. Ten list nie miał w sobie nic wyjątkowego. Był jak wiele innych listów, które Ojciec Pio otrzymywał każdego dnia od osób proszących o jego modlitwę". Zakonnik słuchał w milczeniu, a potem wyszeptał bardzo znaczące zdanie, przekazane przez samego komtura: „Angelino, jemu nie można odmówić!". Ojciec Pio nie przygotował pisemnej odpowiedzi dla biskupa proszącego o pomoc i modlitwę. Powiedział tylko Battistiemu: „Powiedz mu, że będę się bardzo modlił w intencji tej mamy".

„Wsiadłem do samochodu, by wrócić do Rzymu – opowiada Battisti. – W czasie podróży nie przestawałem myśleć nad tym zdaniem Ojca Pio. Znałem go od lat. Przywykłem oglądać niesłychane rzeczy, jakie działy się wokół jego osoby. Wiedziałem, że każde jego słowo miało głęboki sens. Wciąż zadawałem sobie pytanie: «Dlaczego powiedział: Jemu nie można odmówić»? Kim jest ów polski biskup? Pracowałem w Sekretariacie Stanu, lecz nigdy o nim nie słyszałem. A przecież Ojciec Pio darzył go dużym szacunkiem, skoro wypowiedział zdanie wyraźnie wskazujące, że to osoba bardzo dla niego ważna. Dlaczego? Po przyjeździe do Rzymu pytałem moich współpracowników, czy znają bp. Wojtyłę, lecz nikt nigdy nie słyszał tego nazwiska".

Porzućmy na chwilę celę konwentu w San Giovanni Rotondo, w której stygmatyk rozpoczął modlitwę zgodnie z prośbą polskiego biskupa. Powróćmy do Polski i wysłuchajmy relacji o wydarzeniach z ust głównej bohaterki.

Tajemnicze wyzdrowienie

Miesięcznikowi „Rycerz Niepokalanej", założonemu przez o. Maksymiliana Marię Kolbego w 1922 roku, Wanda Półtawska opowiada: „Leżałam w szpitalu, czekając na zabieg, który miał przedłużyć moje życie jeszcze o rok, do czasu wystąpienia przerzutów. Zgodziłam się na operację, aby wykorzystać wszystkie metody, jakie nauka miała do dyspozycji: moje dzieci były jeszcze małe i uważałam za swój obowiązek żyć możliwie jak najdłużej. Jednak ostatnie badanie zrobione tuż przed operacją wykazało, że nowotwór zniknął, a zatem odwołano operację". Wszystko to wydarzyło się 21 listopada.

„Kilka dni wcześniej profesor, który mnie prowadził, wyjaśnił mi, że istnieje pięć procent szans, że to nie jest rak. Jednak należało zrobić operację, żeby to stwierdzić. Wiązałam więc mój powrót do zdrowia z owymi pięcioma procentami. Wróciłam do domu i wówczas dopiero dowiedziałam się o liście wysłanym przez biskupa Wojtyłę do Ojca Pio. A więc to był cud? Widać było, że moja sytuacja, mój stan kliniczny nagle całkowicie się zmienił, ale myśleć o cudzie... to było zbyt wielkie! Starałam się nie zadawać zbyt wielu pytań i zapomnieć o całej sprawie".

Wanda Półtawska mogła wrócić do domu i zupełnie zdrowa przytulić córeczki. Nie była potrzebna żadna operacja. Jej mąż Andrzej czuł się w obowiązku powiadomić o tym także bp. Wojtyłę. Wysłał więc drugi telegram na adres Kolegium Polskiego, w którym przebywał biskup.

Tym razem były to dobre, radosne nowiny. Wzruszony Wojtyła od razu pogrążył się w modlitwie, aby podziękować Wszechmogącemu i Maryi za tę wielką łaskę. Był 28 listopada. Minęło jedenaście dni od czasu napisania pierwszego listu. Krakowski wikariusz kapitulny jeszcze raz wyciągnął z teczki arkusz papieru i napisał kolejny list do Ojca Pio:

„*Venerabilis Pater,*
Mulier habitans Cracoviae in Polonia, mater quattuor puellarum, die 21 XI, ante operationem chirurgicam repente sanitatem recuperavit. Deo gratias. Tique Pater venerabilis, item maximas gratias ago nomine ipsius eiusque mariti et cunctae familiae.
In Christo
Carolus Wojtyła
vicarius capitularis cracoviensis
Romae, 28. XI. 1962".

„Wielebny Ojcze,
kobieta z Krakowa w Polsce, matka czterech córek, dnia 21 listopada, jeszcze przed operacją chirurgiczną, niespodziewanie odzyskała zdrowie. Bogu niech będą dzięki. Także Tobie, Wielebny Ojcze, serdecznie dziękuję w imieniu jej własnym, jej męża i całej rodziny
W Chrystusie
+ Karol Wojtyła
Wikariusz Kapitulny Krakowa
Rzym, 28 XI 1962".

Również drugi list, podobnie jak pierwszy, został powierzony przez kard. Deskura bp. Zannoniemu i 29 listopada, dzień po napisaniu, trafił do rąk Angelo Battistiego. Dwie doby później, w sobotę 1 grudnia 1962 roku, watykański sekretarz wręczył kopertę Ojcu Pio. Tak jak poprzednio, kapucyn poprosił współpracownika, aby otworzył i przeczytał list. Słuchał w milczeniu, a potem powiedział: „Bogu niech będą dzięki". Na biurku Ojca Pio leżał jeszcze pierwszy list bp. Wojtyły. Kapucyn wziął go do ręki i wręczył Battistiemu, mówiąc: „Zachowaj te dwa listy". Nic więcej nie wyjaśnił, nic już nie dodał. Według kilku wersji tego epizodu krążących długi czas po Watykanie Ojciec Pio miał dodać: „Przydadzą się kiedyś", czyniąc aluzję do procesu beatyfikacyjnego, który go dotyczył. Jednak wersja ta nie została potwierdzona, tym bardziej, że w procesie kanonicznym nie mają znaczenia żadne łaski ani rzekome cuda, jakie dokonały się za wstawiennictwem kandydata na ołtarze za jego życia. Kościół katolicki, aby przekonać się o świętości człowieka zmarłego, wymaga jednego cudu potwierdzonego i udokumentowanego do beatyfikacji, która, jak wiemy, jest pierwszym etapem, i kolejnego do ewentualnej kanonizacji, dzięki czemu nowy święty zostaje ukazany jako przykład dla wszystkich wiernych. Jest zatem konieczne, aby cuda te, zweryfikowane przez Komisję Medyczną Kongregacji ds. Świętych, miały miejsce *post mortem*, ponieważ mają świadczyć o tym, że kandydat na ołtarze jest w raju i jako święty może się wstawiać za nami u Boga, wypraszając łaski. Wymóg, aby cuda dla potrzeb procesów beatyfikacyjnego i kanonizacyjnego dokonały się po śmierci sługi Bożego, nie jest nowinką ostatnich lat, ale wielowiekową praktyką Kościoła, a więc znany był w czasach, o których opowiadamy. Poza tym do czego były potrzebne te dwa listy? Czy do tego, aby Karol Wojtyła, zostawszy papieżem, przypomniał sobie o Ojcu Pio? Na to z pewnością nie trzeba było dokumentów. Jan Paweł II i Wanda Półtawska nigdy nie zapomnieli o wydarzeniach tamtej jesieni.

Wiemy zatem tylko, że stygmatyk powierzył obydwa listy Battistiemu. Sam administrator Domu Ulgi w Cierpieniu jakiś czas później, kiedy kapucyn zdał sobie sprawę ze zbliżającej się śmierci, pomógł Ojcu Pio zniszczyć całą jego prywatną korespondencję. Przekazanie dwóch listów Battistiemu, czego on sam wówczas nie rozumiał, podobnie jak zdanie: „Jemu nie można odmówić", nabiera więc w pewnym sensie profetycznego znaczenia. Dzięki temu, że przechował te dwa listy zredagowane po łacinie przez nieznanego wówczas nikomu młodego polskiego biskupa, nie uległy one zniszczeniu i dotarły do nas.

Wróćmy jednak do Krakowa, do cudownie ocalonej żony i matki. W drugim przepełnionym wdzięcznością liście krakowski biskup, jak widzieliśmy, dziękuje także w imieniu samej dr Półtawskiej. Ona jednak nic wówczas jeszcze nie wiedziała o całej sprawie i nie znała stygmatyka z San Giovanni Rotondo. Dziennikarzowi Stefano Campanellemu w wywiadzie nagranym 21 lutego 2002 roku (przytoczonym w książce *Papież i zakonnik*) Wanda Półtawska opowiedziała o późniejszych wydarzeniach i potwierdziła, że do momentu, kiedy dowiedziała się o listach bp. Wojtyły, nie słyszała o świętym z Gargano: „Zapytałam go, kim jest Ojciec Pio. Nie wiedziałam nawet, że istnieje taki kapucyn, ponieważ w tym czasie Polska była komunistyczna i nie mieliśmy żadnego kontaktu z zagranicą. Nie wiedzieliśmy zatem nic o tym, co się działo we Włoszech".

Główna bohaterka wydarzeń, nieświadoma tej specjalnej łaski, o którą bp Wojtyła dla niej prosił i którą uzyskał od stygmatyka z San Giovanni Rotondo, w wywiadzie udzielonym Dominikowi Morawskiemu dla dziennika „Avvenire" w sobotę 1 maja 1999 roku, w przededniu beatyfikacji Ojca Pio, dodała kolejne szczegóły: „Szczęśliwym zbiegiem okoliczności kilka lat później, w maju 1967 roku, mogłam pojechać do San Giovanni Rotondo".

Ów „szczęśliwy zbieg okoliczności" był związany z problemami z kręgosłupem spowodowanymi wypadkiem podczas pobytu w obozie koncentracyjnym. Za czasów reżimu komunistycznego paszporty otrzymywali tylko członkowie partii komunistycznej. Jednak dr Półtawskiej udało się uzyskać paszport z wizą amerykańską, by mogła się udać na zabieg chirurgiczny do Honolulu. Wracając z tej długiej podróży, zatrzymała się w Rzymie, gdzie przebywał także abp Wojtyła, który kilka tygodni później otrzymał z rąk Pawła VI kapelusz kardynalski. To on doradził kobiecie, by udała się do San Giovanni Rotondo.

„Znalazłam się blisko ołtarza, skąd mogłam widzieć, jak Ojciec Pio celebruje mszę świętą. Odprawiał na siedząco, miał na rękach rękawiczki, a w momencie podniesienia Hostii zauważyłam na bandażach czerwonawe plamy. Jednak nie to mną wstrząsnęło, lecz sposób, w jaki ów zakonnik staruszek odprawiał Eucharystię. Po raz pierwszy odczułam ją jako ofiarę krwawą. Widziałam w Ojcu Pio odbicie nieskończonego cierpienia zabijanego baranka: perlisty pot na czole, drżące dłonie i twarz tchnąca wielkim bólem, jako lekarz mogę być tego pewna. Po skończonej mszy Ojciec przechodził do zakrystii. Kiedy zbliżał się do grupy osób, które na niego czekały, zatrzymał się i zdecydowanie podszedł do mnie. Uśmiechnął się do mnie, pogłaskał mnie po głowie i zapytał, patrząc mi prosto w oczy: «A teraz już dobrze?». To spojrzenie odtąd mi towarzyszy i nigdy go nie zapomnę. Zrozumiałam wtedy, że mnie rozpoznał i że to dzięki jego wstawiennictwu mój przypadek znalazł się w owych pięciu procentach. Wróciłam do Polski z poczuciem, że znalazłam mojego świętego, tego, który zawsze będzie nade mną czuwał".

W wywiadzie udzielonym Campanellemu Wanda Półtawska nieco dłużej zatrzymała się nad tym nadzwyczajnym spotkaniem: „Ojciec Pio powolutku wracał do zakrystii stroną, po której znajdowałyśmy się z siostrą Maksymilianą. A on patrzył, patrzył i patrzył. Rozglądał się wokoło, jakby kogoś szukał. Następnie podszedł wprost do mnie i pogłaskał mnie po głowie mówiąc: «Teraz w porządku?». I właśnie wtedy zrozumiałam, że to była jego interwencja, ponieważ wcześniej w to nie wierzyłam. Od tego momentu Ojciec Pio zmienił moje życie. Teraz nazywam Ojca Pio «moim prywatnym Świętym». Jest mój. Towarzyszy mi w każdej podróży. Otacza mnie opieką".

Wanda Półtawska opowiada jeszcze, że pewnego dnia pewna kobieta poprosiła ją, aby odwiedziła jej ciężko chorą siostrę. „Kiedy poszłam do tej kobiety, ona mi powiedziała: «Ojciec Pio mi powiedział, że pani przyjdzie». Nie wiem, jak jej to powiedział, ale faktem jest, że tam byłam". Kobieta została szybko przewieziona do szpitala i poddana udanej operacji. „Nie da się opisać wszystkiego – dodaje Półtawska – co się wydarzyło podczas mojej trzydziestoletniej znajomości z Ojcem Pio. I o ile nie należy ulegać złudzeniom i dopatrywać się wszędzie cudów, to jest także bardzo ważne, by nie niszczyć źle pojętą racjonalnością jednej z najpiękniejszych i najbardziej pocieszających życiowych prawd: jesteśmy jakby zanurzeni w opatrznościowej dobroci Boga, w Jego miłości do stworzenia, którą święci przeżywali w pełni".

Jemu nie można odmówić

Ta historia utkana z bólu i nadziei, listów i modlitwy, znaczących gestów, szeptanych zdań i otrzymanych łask miała swój zaskakujący epilog. Rok po wizycie Wandy Półtawskiej w San Giovanni Rotondo Ojciec Pio umarł. Angelo Battisti umieścił obydwa listy, nie przywiązując do nich szczególnej wagi, w dużej kopercie i odłożył do szuflady. Odnalazł je (przypadkiem?) w stercie papierów szesnaście lat później, w październiku 1978 roku, szukając jakichś dokumentów dotyczących szpitala w San Giovanni Rotondo. Kilka dni wcześniej Kościół przeżył epokowy przełom. Jan Paweł I, pokorny Papież uśmiechu, następca Pawła VI, odszedł z tego świata po trwającym zaledwie trzydzieści trzy dni pontyfikacie. Przeżywszy ból z powodu tej niewyjaśnionej i nagłej śmierci, kardynałowie zebrali się na konklawe i 16 października wybrali nowego papieża, którym po raz pierwszy od pięciuset lat nie został Włoch, ale Polak. Był to kard. Karol Wojtyła, arcybiskup krakowski. Młody, nikomu nieznany polski dostojnik, który napisał dwa listy do Ojca Pio, przeszedł długą drogę i obecnie rozpoczynał swój pontyfikat jako pierwszy papież Słowianin i to w dodatku z kraju za żelazną kurtyną.

Czy był to zatem przypadek, że właśnie w tych dniach sekretarz Stolicy Świętej odnalazł obydwa listy? Być może. Z pewnością, otwierając zakurzoną kopertę i przebiegając wzrokiem nieco pożółkłe kartki, Battisti zrozumiał wreszcie sens zdania wypowiedzianego przez Ojca Pio pod nosem z wyraźnym apulijskim akcentem: „Angelino, jemu nie można odmówić". Święty z Gargano „widział" wszystko.

„Wiedział", że prośba napisana na papierze kurii krakowskiej pochodziła od kogoś, komu nie można było odmówić; od kogoś, kto kiedyś zostanie papieżem; papieżem, który najpierw ogłosi błogosławionym, a potem świętym Ojca Pio z Pietrelciny.

Jeszcze refleksja na temat tego faktu. Stwierdziliśmy, że Wojtyła spotkał stygmatyka tylko raz, na początku swojego kapłaństwa. To spotkanie musiało mu zapaść w serce. Krótka rozmowa głęboko nim wstrząsnęła. Bez wątpienia biskup krakowski uważał Ojca Pio za świętego. Nie zapominajmy, że w okresie, kiedy powstał list z prośbą o modlitwę, kapucyn podlegał restrykcjom, spotykał się z ostrą krytyką i oskarżeniami o niemoralność, a także poddawano go wizytacjom apostolskim. Biskup Wojtyła powierzył się modlitewnemu wstawiennictwu człowieka, na którego Kongregacja Świętego Oficjum patrzyła wówczas podejrzliwie. Wyjaśnienia, jak pokazał drugi rozdział tej książki, miały dopiero nadejść i były związane z wyborem nowego papieża, Pawła VI.

Tak więc dwa listy latami przechowywane w szufladzie są jeszcze bardziej znaczące i świadczą o autentyczności osądu Ojca Pio przez Wojtyłę. Ktoś mógłby pomyśleć, że biskup krakowski nie był na bieżąco z tym, co działo się w San Giovanni Rotondo. Jednak musimy pamiętać, że za każdym razem, kiedy przyjeżdżał do Rzymu, spotykał się z bp. Deskurem, który mieszkał i pracował w kurii watykańskiej począwszy od roku 1952. Był więc na bieżąco z tym, co się działo.

Kontakt Jana Pawła II z Ojcem Pio nie ograniczył się jedynie do prośby o modlitwę o zdrowie Wandy Półtawskiej. Świadczy o tym inny list wysłany przez Wojtyłę do kapucyna z San Giovanni Rotondo kilka dni przed otrzymaniem przez niego nominacji na arcybiskupa krakowskiego. Postulacja sprawy beatyfikacyjnej Jana Pawła II odnalazła go w archiwum krakowskiej kurii i być może początkowo wzięto go za odpis jednego ze znanych już listów dotyczących modlitwy i podziękowania za uzdrowienie Wandy Półtawskiej. Tymczasem napisana na maszynie i przechowywana w kurii kopia jest zupełnie nieznanym listem i stanowi cenny element pozwalający zrekonstruować relację Wojtyły z Ojcem Pio.

Odnaleziony list (numer katalogowy: Archiwum Kurii Krakowskiej, źródła K. Wojtyła, BI 3123a) nosi datę 14 grudnia 1963 roku i jest dłuższy od poprzednich. Podobnie jak dwa pozostałe, został napisany w Rzymie, prawdopodobnie po zakończeniu drugiej sesji II Soboru Watykańskiego. Zanalizował i skomentował go historyk zatrudniony w postulacji sprawy beatyfikacyjnej Jana Pawła II w jednym z ostatnich numerów czasopisma "Servi della Sofferenza".

W przeciwieństwie do wcześniejszej korespondencji, tym razem bp Wojtyła zwraca się do Ojca Pio w języku włoskim. Oto polski tekst listu:

"Rzym, 14 grudnia 1963
Przewielebny Ojcze,
Wasza Wielebność z pewnością pamięta, że już kilka razy w przeszłości pozwalałem sobie prosić Ojca o modlitwę w przypadkach szczególnie trudnych i godnych uwagi. Chciałbym przede wszystkim szczególnie podziękować, również w imieniu samych zainteresowanych, za Ojca modlitwy w intencji pewnej kobiety, katolickiej lekarki, chorej na raka, oraz syna pewnego adwokata z Krakowa, ciężko chorego od urodzenia. Obie te osoby dzięki Bogu czują się już dobrze. Pozwalam sobie ponadto, Czcigodny Ojcze, polecić Ojca modlitwom sparaliżowaną kobietę mieszkającą w mojej archidiecezji.

Równocześnie pozwalam sobie polecić Ojcu olbrzymie trudności duszpasterskie, jakie moja skromna osoba napotyka w obecnej sytuacji.

Korzystam z okazji, by ponownie zapewnić Ojca o mojej głębokiej czci, w której pragnę się utwierdzać.

Waszej Wielebności czciciel w Jezusie Chrystusie
+ Karol Wojtyła

Biskup tytularny Ombi
Wikariusz Kapitulny w Krakowie".

Już w pierwszych linijkach bp Wojtyła nawiązuje do poprzednich próśb, jakie kierował do Ojca Pio: „Wasza Wielebność z pewnością pamięta, że już kilka razy w przeszłości pozwalałem sobie prosić Ojca o modlitwę w przypadkach szczególnie trudnych i godnych uwagi". Już w tych początkowych wierszach kryje się pierwsza, ważna niespodzianka. Aż do tej chwili uważano, że Wojtyła prosił o modlitwę jedynie w przypadku dr Półtawskiej. Nie wiedziano o innych prośbach o wyproszenie łask. Muszą zatem istnieć jeszcze inne listy czy też prośby, w różny sposób dostarczane stygmatykowi.

Młody polski biskup dziękuje Ojcu Pio za uzdrowienie kobiety chorej na raka i odnosi się w tym momencie do znanego już nam przypadku, jednak wymienia również syna pewnego adwokata ciężko chorego od urodzenia. „Obie te osoby czują się już dobrze" – stwierdza w dotąd niepublikowanym tekście. A więc poza tym listem i dwoma znanymi istnieje przynajmniej jeden, w którym bp Wojtyła prosi o uzdrowienie chłopca. Przyszły papież zwraca się następnie do Ojca Pio w sprawie pewnej sparaliżowanej kobiety z jego diecezji, a więc pojawia się nowa prośba. To kolejna wskazówka dotycząca umacniającej się więzi. Ale to nie wszystko. Tym razem bowiem biskup dodaje osobistą prośbę: „Równocześnie pozwalam sobie polecić Ojcu olbrzymie trudności duszpasterskie, jakie moja skromna osoba napotyka w obecnej sytuacji".

Do czego odnosi się bp Wojtyła, który po raz pierwszy, z tego, co wiemy z dostępnej dokumentacji, prosi o coś dla siebie? O jakich to „olbrzymich trudnościach" pisze w osobistym liście do Ojca Pio?

Od połowy 1962 roku biskup krakowski przeżywał trudny okres w swoim życiu. W czerwcu 1962 roku zmarł abp Baziak i od wielu miesięcy trwało poszukiwanie kandydata na jego następcę, którego akceptowaliby zarówno prymas Polski kard. Stefan Wyszyński, jak i władze komunistyczne. Kilkakrotnie Wyszyński przedstawiał rządowi potrójne kandydatury na stolicę arcybiskupią, ale odrzucano je. Po drugiej trójce kandydatów odrzuconej przez władze wysoki funkcjonariusz partyjny Zenon Kliszko zasugerował, aby zaproponowano „człowieka otwartego na dialog, tak jak młody biskup pomocniczy, którego nazwiska nie pamiętam, z którym w dwa tygodnie rozwiązaliśmy sprawę krakowskiego seminarium". Tym biskupem był Karol Wojtyła, który stanowczo upomniał się o prawo Kościoła do budynku seminarium duchownego zajętego przez partię komunistyczną.

W wieku zaledwie czterdziestu trzech lat Wojtyła został arcybiskupem kardynalskiej metropolii krakowskiej po półtorarocznym okresie kierowania nią w charakterze administratora apostolskiego, w którym to czasie napotykał „olbrzymie trudności duszpasterskie". Komuniści błędnie zakładali, że będzie on bardziej ustępliwy niż niezłomny prymas Wyszyński, i wyobrażali sobie, że łatwo będzie skonfliktować ich ze sobą. Głęboko się mylili i nieraz żałowali swojego wyboru.

Należy poza tym podkreślić interesujący zbieg okoliczności. List bp. Wojtyły do Ojca Pio z prośbą o modlitwę i wstawiennictwo pochodzi z 14 grudnia. Dokładnie dwa tygodnie później, 30 grudnia, przyszła desygnacja na arcybiskupa metropolitę jednej z najszacowniejszych polskich diecezji. W dniach, w których stygmatyk otrzymał list młodego biskupa i prawdopodobnie modlił się w jego intencjach, Watykan zdecydował, że właśnie bp Wojtyła zostanie arcybiskupem historycznej polskiej diecezji. Była to nominacja decydująca, która otwierała mu drogę do purpury kardynalskiej (otrzymał ją, jak pamiętamy, w 1967 roku) i do pontyfikatu. Chociaż w Wielkanoc 1948 roku Ojciec Pio nie przepowiedział Wojtyle, że zostanie papieżem, to pojawia się tutaj nowa decydująca wskazówka, że losy Jana Pawła II splatają się z życiem Ojca Pio i to w momentach kluczowych.

Odkrycie nowego listu świadczy więc o głębi więzi łączącej stygmatyka z papieżem, który ogłosi go świętym. Wróćmy jednak do słów, które Jan Paweł II skierował u schyłku życia, w 2000 roku, do Wandy Półtawskiej, aby zaświadczyć o tym, co wydarzyło się w 1948 roku, opublikowanych przez Stefano Campanellego w książce *Papież i zakonnik*. Przypomnijmy sobie, że ks. Wojtyła w szczególny sposób wspominał celebrację mszy świętej. Posłuchajmy raz jeszcze tych słów: „Pozostało to dla mnie jako niezapomniane przeżycie. Miało się świadomość, że tu na ołtarzu w San Giovanni Rotondo spełnia się ofiara samego Chrystusa, ofiara bezkrwawa, a równocześnie te krwawe rany na rękach kazały myśleć o całej tej ofierze, o Ukrzyżowanym. To właśnie pamiętam do dzisiaj, poniekąd do dzisiaj mam przed oczyma to, co wówczas widziałem. Przy spowiedzi Ojciec Pio okazał się spowiednikiem mającym proste, jasne rozeznanie i do penitenta odnosił się z wielką miłością. To pierwsze spotkanie z żywym jeszcze stygmatykiem z San Giovanni Rotondo uważam za najważniejsze i za nie w szczególny sposób dziękuję Opatrzności".

Co chciał powiedzieć Jan Paweł II, stwierdzając: „poniekąd do dzisiaj mam przed oczyma to, co wówczas widziałem"? Czy można stawiać hipotezę, jak to czyni Antonio Socci w swojej książce *Tajemnice Jana Pawła II*, że ta enigmatyczna wypowiedź odnosi się do doświadczeń mistycznych samego Papieża, który otrzymał dar modlitwy wlanej? Czy Ojciec Święty „widział" coś, czego my nie możemy zobaczyć?

Przykuwa jeszcze uwagę ostatnie zdanie, odnoszące się do spotkania „pierwszego", uznawanego za „najważniejsze". Wiemy przecież, że po Wielkanocy w 1948 roku Wojtyła nie spotkał się już nigdy osobiście ze świętym z Gargano, nie był już nigdy w San Giovanni Rotondo za jego życia, czyli do września

1968 roku. A jednak Jan Paweł II pisze o „pierwszym spotkaniu", dając niemal do zrozumienia, że były także inne. Ale jakiego rodzaju? Z pewnością Papież w ten sposób może się odnosić do kontaktu listownego, który, jak udokumentowaliśmy, trwał dzięki ponawianym prośbom o łaski i wstawiennictwo. Podobnie nie możemy wykluczyć, że chodzi o „spotkanie" przy grobie Ojca Pio, jakie miało miejsce w 1974, a potem jeszcze w 1987 roku. Jednak nie możemy również wykluczyć, że za tymi słowami kryje się cenna wskazówka dotycząca „spotkań" mistycznych, wizji, kontaktów nam nieznanych. Socci pisze: „Wykluczyłbym możliwość, że Jan Paweł II ma na myśli wizyty w San Giovanni Rotondo w latach siedemdziesiątych i potem, kiedy był już papieżem, bo nie byłyby to spotkania z Ojcem Pio i ponieważ całkowicie oczywiste wydaje się to, że osobiste spotkanie w 1948 roku było ważniejsze niż pielgrzymki po śmierci zakonnika".

Relacja między polskim papieżem i świętym stygmatykiem trwała także po śmierci kapucyna. A według ważnego świadectwa „ręka Ojca Pio była obecna" na placu św. Piotra owego krytycznego dnia, 13 maja 1981 roku, kiedy Jana Pawła II dosięgły pociski wystrzelone przez Ali Agcę i o mało nie wykrwawił się na śmierć. Ojciec Święty był zawsze pewien: owego popołudnia, o 17.19, ręka z nieba skrzywiła tor kuli, która wykonała niezrozumiały slalom, omijając aortę, najważniejsze dla życia organy i kręgosłup.

Po raz pierwszy „mistycznego dowodu" na nadprzyrodzoną interwencję związaną z Ojcem Pio dostarcza jedno ze świadectw włączonych do akt procesu beatyfikacyjnego Jana Pawła II. Chodzi o słowa zeznane pod przysięgą i spisane przez pasjonistę o. Franco D'Anastasio, byłego rektora sanktuarium San Gabriele dell'Addolorata, znanego biblistę i spowiednika s. Rity, słynnej „duchowej córki" świętego stygmatyka z Gargano. Mówi o tym po raz pierwszy Antonio Socci w swojej książce *Ojciec Pio. Tajemnica życia*. Dokumenty zbadane przez Socciego przyznają rację Janowi Pawłowi II, według którego „jedna ręka strzelała, ale inna prowadziła kulę". Siostra Rita, która urodziła się jako Cristina Montella, była bohaterką wielu „misji łączących", udokumentowanych przez przełożonych franciszkańskich, i dzieliła razem ze swym słynnym duchowym ojcem dar bilokacji. To ona po raz pierwszy powiązała zamach na Papieża z Ojcem Pio i jego mistyczną obecnością. Mniszka, która zmarła w 1992 roku w opinii świętości w toskańskim klasztorze Santa Croce sull'Arno, była uczennicą kapucyna. Dzieliła z nim życie modlitewne i charyzmaty, takie jak bilokacja, czyli jednoczesna obecność w dwóch nawet oddalonych od siebie miejscach.

Natychmiast po próbie zamordowania Jana Pawła II s. Rita zwierzyła się o. Franco – zobowiązując go do dochowania tajemnicy przynajmniej do jej śmierci – że dzięki darowi bilokacji, który przekazał jej Ojciec Pio, była obecna na placu św. Piotra 13 maja 1981 roku.

Jednak to nie wszystko. „Wspólnie z Maryją skierowałam w inną stronę kulę zamachowca – stwierdza s. Rita, dodając: – Ileż musiałam się natrudzić, aby nie wydarzyło się najgorsze".

Dzięki cudownym darom otrzymanym dzięki Ojcu Pio, zakonnica, nazywana „dziewczynką" stygmatyka, miała zatem nie dopuścić do tego, by pontyfikat Jana Pawła II zakończył się tragicznie na samym początku. Jeśli turecki zabójca wypełniłby zadanie powierzone mu przez mocodawców, którzy pragnęli śmierci pierwszego słowiańskiego papieża, historia Kościoła byłaby inna i inna byłaby historia świata, zważywszy na decydującą rolę, jaką odegrał Jan Paweł II w bezkrwawym upadku komunizmu w 1989 roku. „Duchowa więź siostry Rity ze świętym kapucynem była szczególna, o czym świadczą dokumenty i świadectwa ojca Teofila dal Pozzo – wielce szanowanego i cieszącego się autorytetem franciszkanina – który był kierownikiem duchowym s. Rity i przełożonym prowincji kapucynów w Foggii, a zatem bezpośrednim przełożonym i przyjacielem Ojca Pio" – pisze Socci. „Cud" z placu św. Piotra miał narodzić się z „zastępczego zadośćuczynienia", za pomocą którego Ojciec Pio nauczył s. Ritę „wydzierać niebu" łaski dla Kościoła i dla cierpiących. Dzięki modlitwie i pokucie można wziąć na siebie cierpienie innego człowieka. Świadectwo o. Franco D'Anastasio znajduje się w teczce przechowywanej w Watykanie, z której materiały nigdy nie zostały opublikowane. Kardynał

Stanisław Dziwisz, arcybiskup metropolita krakowski, przez wiele lat sekretarz Jana Pawła II, wezwał pasjonistę i włączył jego zeznania i słowa s. Rity do akt procesu beatyfikacyjnego. „Karol Wojtyła szybko wyczuł głęboki związek, jaki Bóg ustanowił między nim a zakonnikiem ze stygmatami – wyjaśnia Socci. – W 1948 roku pojechał do San Giovanni Rotondo. W 1972 wpłynął na Pawła VI, aby rozpoczęto proces beatyfikacyjny stygmatyka. Dlatego przebłagalna obecność duchowej córki Ojca Pio w miejscu zamachu staje się częścią wielkiego planu".

4.
Łaski, uzdrowienia, „cuda".
Za życia i po śmierci

W tym rozdziale opowiem przede wszystkim historie mężczyzn, kobiet, dzieci, których życie zmieniło się po spotkaniu z papieżem Janem Pawłem II. Część tych przypadków i doniesień dotyczy domniemanych cudów, które miały miejsce jeszcze za życia Ojca Świętego. Chodzi więc o fakty, które jakkolwiek cudowne, nie znalazły się w aktach procesu beatyfikacyjnego i kanonizacyjnego polskiego papieża. Cud bowiem, którego wymaga się w procesie beatyfikacyjnym, to cud *post mortem*, a więc taki, który nastąpił za wstawiennictwem kandydata na ołtarze. Jednego takiego potwierdzonego cudu wymaga się do beatyfikacji. Drugi natomiast, który musi mieć miejsce już po beatyfikacji, konieczny jest, aby można było mówić o kanonizacji, która przekształci kult lokalny w powszechny kult.

Aby uniknąć nieporozumień, należy przypomnieć, że Jan Paweł II nigdy publicznie ani prywatnie nie przypisywał sobie zasług w związku z tymi tajemniczymi wydarzeniami. Papież ograniczał się jedynie do modlitwy. I jeśli naprawdę dokonywało się jakieś uzdrowienie, należało je zawdzięczać – jak zawsze przypominał Ojciec Święty – Bogu i Jego miłosierdziu. „Wielu ludzi – opowiada jedna z sióstr opiekujących się papieskimi apartamentami – prosiło go o modlitwę w różnych intencjach, a potem dziękowało mu za otrzymane łaski. Miał szczególny charyzmat, umiejętność kontaktu z młodymi. Ale nigdy nie słyszałam, aby mówił o darach nadprzyrodzonych. Nigdy nie przypisywał sobie żadnej zasługi. Zawsze uznawał, że zasługi są Boże".

Nie będzie rzeczą zbyteczną przypomnieć, że w wielu opowiadaniach opisujących zdarzenia, jakie miały miejsce jeszcze za życia Papieża lub po jego śmierci – o czym świadczą niezliczone doniesienia otrzymane przez postulatora sprawy beatyfikacyjnej ks. Sławomira Odera – chodzi o łaski, które nie zawsze mogłyby zostać poddane wnikliwej i precyzyjnej ocenie Komisji Medycznej Kongregacji ds. Świętych. Są to łaski bezwzględnie za takie uważane przez osobę nimi obdarowaną, ale może się zdarzyć, że nie mają lub nie mogą uzyskać potwierdzenia naukowego.

Do tego rozdziału wybrane zostały tylko niektóre historie, poczynając od „cudów", które nastąpiły za życia Jana Pawła II, a kończąc kilkoma mającymi miejsce już po jego śmierci. Jeden z nich, uleczenie francuskiej zakonnicy z choroby Parkinsona, może się stać cudem umożliwiającym beatyfikację polskiego papieża.

Amerykański miliarder

"To znak, że moc Boża wykracza poza wszelkie ludzkie schematy...". Biskup Stanisław Dziwisz, wierny papieski sekretarz, siedzi za niewielkim biurkiem. Ma na sobie czarną sutannę, na piersiach metalowy krzyż. Wznosi na chwilę oczy ku niebu, kończąc w ten sposób swoją relację. Właśnie podzielił się wielkim sekretem. Opowiedział o jednym z domniemanych cudów, jakie miały miejsce w obecności Jana Pawła II – nieznany epizod, którego bohaterem był ciężko chory zamożny Amerykanin.

Był 15 czerwca 2002 roku. Autor tych słów wraz z kolegą Marco Tosattim, watykanistą dziennika "La Stampa", złożył tego dnia rano wizytę sekretarzowi Jana Pawła II. Około południa w słoneczny dzień umówiliśmy się przed wejściem do watykańskiego biura prasowego. Przeszliśmy przez pustawy plac św. Piotra, minęliśmy Spiżową Bramę i weszliśmy na drugą loggię prowadzącą do papieskiego apartamentu reprezentacyjnego. Wyszedłszy z windy, znaleźliśmy się pod masywnymi drewnianymi drzwiami z małym dzwonkiem. Zadzwoniliśmy i czekaliśmy. Otworzył nam jeden z papieskich *sediari*, ubrany w nienagannie skrojony szary frak. Dawniej zadaniem *sediari* było noszenie na ramionach *sedia gestatoria* – lektyki z papieżem, tak że wierni mogli widzieć go nawet z dużej odległości, kiedy wchodził i wychodził, aby uczestniczyć w ceremoniach.

Obecnie ich zajęciem jest przyjmowanie gości w papieskich antykamerach.

Przeszliśmy przez salę ozdobioną freskami, następnie przez drugie, mniejsze pomieszczenie. Skręciliśmy w lewo, minęliśmy korytarz z werandą i oto wreszcie dotarliśmy do niewielkiego biura bp. Dziwisza. Biskup od niemal czterdziestu lat był „cieniem" Papieża, którego po raz pierwszy spotkał pod koniec lat pięćdziesiątych, gdy jeszcze jako licealista towarzyszył mu, kiedy ten jeździł na nartach w Tatrach. Biskup Stanisław urodził się w ubogiej rodzinie w Rabie Wyżnej. Kiedy bp Wojtyła powiedział miejscowemu proboszczowi, że chciałby się zapuścić samotnie w lasy zamieszkane wówczas jeszcze przez dziki, ten jako eskortę przydzielił mu młodego Dziwisza, licealistę odczuwającego powołanie do kapłaństwa. Stanisław wstąpił potem do seminarium i został wyświęcony na kapłana w 1963 roku przez tego samego bp. Wojtyłę. Po krótkiej praktyce duszpasterskiej w jednej z parafii, przeszedł w 1966 do pracy w sekretariacie arcybiskupa i od tamtej pory wszędzie mu towarzyszył – najpierw w Krakowie, a potem w Rzymie.

Gabinet ks. Stanisława – jak nazywało się go w dalszym ciągu, choć w 1998 roku otrzymał sakrę biskupią, a w 2003 został wyniesiony do godności arcybiskupa *ad personam* – był stosunkowo ciasny. Pokój przemeblowano za czasów Jana XXIII. Pośrodku stał prosty stół, pod ścianą ciężkie biurko z malowanego drewna, przywodzące na myśl styl tyrolski, zastawione stosami czerwonych i białych pudełeczek z różańcami, które zazwyczaj rozdawało się gościom.

Ksiądz Stanisław wszedł, przywitał nas, posadził w pobliżu biurka. Po kilku minutach rozmowa dotknęła tematu Eucharystii. Wówczas papieski sekretarz powiedział: „Chciałbym wam opowiedzieć pewien epizod, który miał miejsce przed kilku laty...". Nie sprecyzował daty, ale nam wydawało się, że chodziło o wiosnę cztery lata wcześniej. „Pewien mój znajomy – zaczął bp Dziwisz – poprosił mnie, abym umożliwił jego znajomemu Amerykaninowi uczestnictwo we mszy świętej odprawianej przez Ojca Świętego. Człowiek ten był ciężko chory. Cierpiał na raka mózgu – wyjaśnił ks. Stanisław – i miał w sercu trzy pragnienia: spotkać się z Janem Pawłem II, udać się z pielgrzymką do Jerozolimy i wrócić do swojego domu w Ameryce, aby tam umrzeć...". Był bardzo bogaty i podróżował w asyście lekarza oraz pielęgniarza – prawdziwy orszak. Ksiądz Dziwisz nie chciał nam zdradzić jego nazwiska, być może bardzo znanego, ale kontynuował opowiadanie: „Pamiętam jego naznaczoną chorobą twarz. Pamiętam także, że nie miał włosów, jak się domyślaliśmy z powodu chemioterapii, której został poddany".

Człowiek ten został zaproszony do Castelgandolfo na codzienną mszę świętą, którą Papież odprawiał bardzo wcześnie rano w swojej prywatnej kaplicy. Jan Paweł II był jeszcze wówczas w stanie chodzić. Kiedy zaproszeni weszli do kaplicy, zastali go pogrążonego w modlitwie przed obrazem Matki

Bożej Częstochowskiej, znajdującym się nad ołtarzem. Amerykański gość cierpiał, ale był zachwycony faktem, że oto znajduje się w pobliżu Papieża, spełniając w ten sposób jedno ze swoich marzeń.

„W momencie komunii świętej – kontynuował ks. Stanisław – on także podniósł się z klęczek i zbliżył do ołtarza, aby przyjąć hostię z rąk Ojca Świętego". W tamtej chwili bp Dziwisz nie wiedział jeszcze, że człowiek ów nie jest katolikiem ani nawet chrześcijaninem, ale wyznania Mojżeszowego. Intuicyjnie wyczuwał, że coś jest nie tak, widząc sposób, w jaki ów człowiek zbliżał się do przyjęcia tego sakramentu. Być może było to lekkie wahanie, być może zachowanie, które zdradzało brak obycia z liturgią Kościoła katolickiego. „Zorientowałem się, że istnieje jakiś problem po sposobie, w jaki ów człowiek przystępował do komunii" – zauważył ks. Stanisław.

Zaintrygowany sekretarz Papieża zaraz po zakończeniu mszy świętej poprosił o wyjaśnienie przyjaciela, który przywiózł owego gościa i towarzyszył w Castelgandolfo grupie Amerykanów. Dowiedział się, że chory człowiek jest Żydem. „Zrobiłem mojemu znajomemu delikatną wymówkę, wyjaśniając mu, że innowiercy nie mogą przyjmować sakramentu Eucharystii". Po skończonej mszy obecni, jak zwykle, pozdrowili Papieża.

„Kilka tygodni później ów przyjaciel zadzwonił do mnie – dodał ks. Stanisław – aby powiedzieć mi, że rak zniknął w ciągu kilku godzin po spotkaniu z Ojcem Świętym". Miliarder nie pojechał już do Jerozolimy, ale wrócił do Stanów Zjednoczonych, by uczcić z rodziną swój powrót do zdrowia.

Biskup Dziwisz w tym miejscu opowiadania zamilkł na chwilę. Popatrzył na nas i skonkludował: „To znak, że moc Boża wykracza poza wszelkie ludzkie schematy...".

Sekretarz Jana Pawła II nie miał zupełnie zamiaru przedstawiać tego epizodu jako „cudu" zdziałanego przez Papieża. Opowiedział go jako fakt, cud Boga dokonany poprzez Eucharystię. Biskup Dziwisz poprosił nas, abyśmy na razie nie pisali o tym, co nam powiedział, a my dotrzymaliśmy umowy do śmierci Jana Pawła II. Teraz, kiedy nie ma go już na ziemi i mnożą się doniesienia o łaskach otrzymanych przez osoby, które miały z nim kontakt, wychodzi na jaw i ten wielki sekret. Owa komunia, której według prawa kanonicznego nie powinno się udzielić, stała się narzędziem niezwykłej łaski.

Epizod ten przywodzi na myśl inne zdarzenie, które dotyczyło bp. Giuseppe Sarto, przyszłego Piusa X, w czasach, gdy był on ordynariuszem Mantui. Papież ten, którego pamięta się z jego antymodernistycznej batalii, był człowiekiem niezwykle wielkodusznym i postępował z wielką wolnością ducha. Ów papież reformator, który przywrócił Kościołowi zapał misyjny, podkreślał głęboko religijną naturę Kościoła, umiał bronić autonomii Kościoła wobec wszelkiej władzy politycznej i otwarł drogę do pojednania Kościoła z państwem włoskim. Był pierwszym od wieków papieżem pochodzącym z rodziny chłopskiej i przeszedł wszystkie etapy posługi, od wikarego do biskupa Rzymu. Żył i umarł w ubóstwie.

Pewnego dnia, spacerując po Mantui razem z rektorem seminarium, bp Sarto przechodził obok cmentarza żydowskiego. Zapytał wówczas swego towarzysza, czy nie odmówiłby psalmu *De profundis* za zmarłych tam pochowanych. Rektor odpowiedział, że nie. Na to biskup zdjął biret z głowy i wyrecytował cały psalm, po czym rzekł do młodego kapłana: „Zobacz, my zrobiliśmy, co do nas należało. Pan zrobi teraz to, co należy do Niego. Bo nie jest powiedziane, że Pan wyznaje teologię ojców jezuitów z Uniwersytetu Gregoriańskiego". Słowa te można by odnieść również do tego, co miało miejsce w kaplicy papieskiego pałacu w Castelgandolfo.

Uzdrowienie dziecka

Jest to jeden z „cudów", jakie dokonały się dzięki wstawiennictwu Jana Pawła II jeszcze za jego życia. Należy on do wielkiej grupy doniesień napływających od osób, które spotkały Papieża w ciągu jego długiego, niemal dwudziestosiedmioletniego pontyfikatu.

Także w tym przypadku autor książki dowiedział się o fakcie przed śmiercią Ojca Świętego i osobiście zna matkę dziecka Margheritę Enrico, koleżankę po fachu, dziennikarkę z północnych Włoch. Jest to historia dobrze znana papieskiemu otoczeniu: chodzi o uzdrowienie chłopca cierpiącego na ciężką formę upośledzenia odporności.

Margherita Enrico i jej mąż pracują i mają dwójkę dzieci. Młodszy syn Francesco w 1993 roku, pół roku po urodzeniu, zaczął mieć poważne problemy zdrowotne. Oto wyjątkowe opowiadanie matki, którego wysłuchaliśmy w dniach poprzedzających pogrzeb papieża Jana Pawła II, kiedy kobieta przyjechała do Rzymu, aby złożyć mu ostatni hołd, jak również by wykonać u Francesca kolejną serię badań klinicznych potwierdzających jego doskonały stan zdrowia.

Jakie objawy występowały u dziecka?

Francesco mało jadł, chudł. Na początku, w pierwszych miesiącach życia, za bardzo się tym nie przejmowaliśmy. Potem nagle bardzo ciężko zachorował, miał trudności z oddychaniem. Na sygnale zawieźliśmy go do szpitala. Miał infekcję nerek, jelit i zapalenie oskrzeli. Był w bardzo ciężkim stanie i lekarze nie byli pewni, czy uda im się go uratować. Wiele miesięcy leżał w szpitalu.

Jaką diagnozę postawili lekarze?

Rodzaj upośledzenia odporności. Jego organizm nie miał potrzebnych barier immunologicznych. Nie produkował immunoglobuliny. To czyniło go bezbronnym wobec wszelkiego typu infekcji.

Co wydarzyło się w następnych latach?

Mój syn wyzdrowiał, lekarze uratowali mu życie, ale pozostał dzieckiem innym od rówieśników. Był bardzo delikatny, słabiutki, ciągle chorował, nie mógł uprawiać żadnego sportu, ciągle go coś bolało.

Poza tym z powodu ciągłych infekcji uszu przez długi czas niedosłyszał. To było przyczyną dysleksji i nieprawidłowej wymowy.

Czy lekarze dawali wam jakąś nadzieję? Jak go leczyliście?

Specjaliści, których opinii zasięgaliśmy, nie widzieli rozwiązania problemu Francesca. Ja natomiast, widząc go w takim stanie, zrezygnowałam z pracy, aby cały czas się nim zajmować.

Jak doszło do spotkania z Papieżem? Dlaczego zwróciliście się do niego?

Pragnęliśmy się z nim spotkać jako wierzący. Dzięki pewnemu biskupowi, który bardzo dobrze znał Jana Pawła II, dostąpiliśmy tego przywileju. W czerwcu 2002 roku zaproszono nas do apartamentu w Pałacu Apostolskim na prywatną mszę świętą. Było to bardzo wcześnie rano. Weszliśmy do kaplicy. Papież klęczał i w milczeniu adorował Najświętszy Sakrament. Oprócz Francesca był ze mną także mąż i nasza starsza córka. Uczestniczyliśmy we mszy świętej odprawianej przez Ojca Świętego, a potem wprowadzono nas do jego gabinetu na krótką rozmowę w cztery oczy...

Jan Paweł II wówczas jeszcze chodził, czy jeździł już na wózku?

Jeszcze chodził, ale poruszał się o lasce.

Czy przy tym spotkaniu mówiliście mu o chorobie waszego syna?

Nie, zostaliśmy tylko przedstawieni. Francesco nawet mu nie powiedział, że chce wyzdrowieć. Ale była to bardzo piękna chwila, ponieważ on i Papież patrzyli sobie długo w oczy i wtedy mój syn miał wrażenie, że zna Ojca Świętego od zawsze. Tak jakby spotkał starego przyjaciela – poczuł się akceptowany, kochany.

Co wydarzyło się potem?

Jan Paweł II pobłogosławił mojego syna i pogłaskał go po twarzy. Wtedy Francesco, jak nam później powiedział, miał wrażenie, że z ręki Papieża wychodziło ciepło. Tak właśnie opisywał nam potem to, co stało się wówczas, kiedy stał przed Ojcem Świętym.

Co powiedział wasz syn, kiedy wyszliście ze spotkania w Watykanie?

Powiedział od razu: „Mamo, tato, dobrze się czuję! Już nie jestem zmęczony!". Był wesoły i zadowolony. Opowiedział nam o swoich odczuciach, o cieple, które poczuł, kiedy Ojciec Święty go błogosławił. My się z niego podśmiewaliśmy, mówiliśmy mu, żeby się nie łudził, żeby nie dał się oszukać chwilowym wrażeniom. Ale nas także uderzyło to, że wydawał się zupełnie odmieniony. Przekonaliśmy się o tym, jak tylko wróciliśmy do domu. Zmęczenie i słabość, która go nieustannie dręczyła, zniknęły.

Zaczął trenować. Nauczycielka od razu zorientowała się, że coś się stało, bo go nie poznawała. Rozkwitł, stał się kimś innym.

Zrobiliście badania lekarskie, aby sprawdzić, co się stało?

Tak, od razu. Lekarze nam powiedzieli: „Nic mu już nie dolega. Wyzdrowiał". Od tamtej chwili, aż do dzisiaj, wszystkie badania potwierdzają wyzdrowienie.

Jak zareagował Francesco na tę wiadomość?

Od razu postanowił napisać do Jana Pawła II. Osobiście. Posłał mu list takiej treści: „Ojcze Święty, dziękuję Ci po pierwsze za to, że mogłem poznać świętego. Widziałem, jak modlisz się do Jezusa. Widziałem też, jak na twoich barkach, kiedy pochyliłeś się na modlitwie, leżały wszystkie problemy świata. Dziękuję, że mnie uzdrowiłeś. Od teraz odmawiam codziennie za Ciebie różaniec i proszę, żeby Maryja Cię uzdrowiła".

Papież mu odpowiedział?

Tak, własnoręcznie, osobiście. To było cudowne, wzruszające. Dostaliśmy od niego list zaadresowany do naszego syna. Nigdy sobie nie przypisywał tego, co się stało, nie mówił o cudzie, ale napisał: „Dziękujmy Panu, Pan jest dobry!".

Czy ta korespondencja miała jakiś ciąg dalszy? Spotkaliście się jeszcze z Ojcem Świętym?

Na to pytanie wolę nie odpowiadać. Opowiedziałam o uzdrowieniu. Niech reszta pozostanie wewnętrzną sprawą naszej rodziny.

Tak kończy się wywiad. Chociaż jego bohaterka nie chce o tym opowiadać, z jej wzroku można wyczytać, że po tym pierwszym spotkaniu były kolejne, a jej syn Fracesco miał okazję przytulić się do starego Papieża, przez którego otrzymał dar Boży.

Heron Badillo

Historia niezwykłego powrotu do zdrowia meksykańskiego chłopca Herona Badillo jako pierwsza obiegła świat po śmierci Jana Pawła II. Stało się tak również ze względu na jej potwierdzenie przez kard. Javiera Lozano Barragana, wówczas przewodniczącego Papieskiej Rady ds. Duszpasterstwa Służby Zdrowia, który zwrócił na ten fakt uwagę międzynarodowych mediów.

Zanim papież Jan Paweł II wezwał go do Watykanu, Barragan, meksykański teolog i biskup, kierował diecezją Zacatecas, gdzie wydarzył się przypuszczalny cud. „Historia Herona – powiedział kardynał przed kamerami meksykańskiej stacji Televisa – jest żywym przykładem cudu zdziałanego przez Jana Pawła II".

Aby pokazać, co zaszło, wystarczą dwie fotografie. Pierwsza ukazuje matkę, obok której przechodzi Jan Paweł II, a ona trzyma na rękach czteroletniego chłopca o spuchniętej buzi, bez włosów, po którym na pierwszy rzut oka widać, że jest chory. Zdjęcie to pochodzi z 12 maja 1990 roku. Ojciec Święty zauważa chłopca, uśmiecha się do niego. Druga fotografia pochodzi z roku 2004. Heron jest już dziewiętnastoletnim młodzieńcem z włosami błyszczącymi od żelu i niewielkim wąsem. Klęczy przed starym Papieżem razem z rodzicami i pokazuje mu zdjęcie sprzed czternastu lat.

Rodzina cudownie uzdrowionego chłopca mieszka w Rio Grande, dziesięciotysięcznym miasteczku położonym dwie godziny drogi samochodem od Zacatecas w głębi Meksyku. Maria, matka chłopca, opowiada historię tego uzdrowienia. „Za każdym razem, kiedy opowiadam o tym, co się stało – mówi – chce mi się płakać. Byliśmy zawsze religijną rodziną, ale nigdy nie wyobrażaliśmy sobie, że będziemy świadkami czegoś tak ważnego i nadzwyczajnego".

Choroba Herona zaczęła się w roku 1989, kiedy chłopczyk miał cztery lata. Dziecko, które do tej pory wiodło zupełnie normalne życie i było bardzo żywe, w zimie zaczęło się źle czuć. Traciło apetyt, traciło siły. Rodzice poszli z nim do lekarza. Diagnoza brzmiała jak wyrok: „Niestety, wasz syn ma białaczkę".

Marii i jej mężowi Felipe świat się zawalił. Jednak nie stracili nadziei i codziennie modlili się o wyzdrowienie synka, podczas gdy Heron poddawany był chemioterapii. Jednak choroba nie cofała się. „Choroba dzień po dniu zjadała moje dziecko. Heron chudł w oczach: z dwudziestu dwóch kilogramów do czternastu. Stracił wszystkie włosy i cały apetyt, bo chemia powodowała nudności". Maria Badillo opowiada, że sytuacja była rozpaczliwa i lekarze przygotowywali ją na najgorsze. Lekarze odpowiadający na pytania Rocco Cotroneo, wysłannika „Corriere della Sera", mówią teraz, że mały Heron „nie był konający, kiedy rodzice zabrali go ze szpitala, aby udać się z nim do Papieża", ale przyznają, że jego wyzdrowienie było niecodziennym wydarzeniem.

W tych dramatycznych miesiącach Maria często modliła się z synkiem, a kiedy spędzała z nim czas, przeglądała czasopisma mówiące o Janie Pawle II. „Mój syn był zauroczony postacią Papieża. Za każdym razem, kiedy widział go w telewizji, jego buzia rozjaśniała się".

Dnia 5 maja 1990 roku, w przeddzień przyjazdu Jana Pawła II do Meksyku, chłopiec powiedział: „Mamo, słyszałem, jak w telewizji mówili, że Papież jutro przyjedzie do Meksyku. Proszę cię, weź mnie do niego". „Jak to usłyszałam – opowiada Maria – bardzo się ucieszyłam i ogarnęło mnie cudowne uczucie. Zobaczyłam palec Boży w tym, że mój syn poprosił o to, bym poszła z nim zobaczyć Jana Pawła II. Zrobiłabym naprawdę wszystko, aby spełnić jego pragnienie, chociaż miałam też wątpliwości: jeżeli będzie brzydka pogoda, mój chłopiec dostanie gorączki i jego stan pogorszy się. A jednak czułam, że za wszelką cenę muszę go zaprowadzić do Papieża".

Kobieta zapoznała się z przebiegiem wizyty. Ojciec Święty miał być w Zacatecas 12 maja. „Trzeba było mieć specjalne zezwolenie, aby stanąć wśród wiernych, którzy go przyjmowali – mówi Maria Badillo. – Zwróciłam się do przyjaciela, którego znałam od lat i który był członkiem korpusu straży prezydenta Republiki. To dzięki niemu od razu dostałam przepustkę. Był to bilet, który tylu Meksykanów pragnęło dostać, a ja uważałam to za znak, widziałam w tym rękę Pana Boga. W dniu wizyty wstaliśmy o świcie. Kiedy poszłam do Herona, aby go ubrać, on mi powiedział: «Proszę, nie zakładaj mi zwykłych ubrań. Dziś chcę włożyć najładniejsze ubranie. Mam się spotkać z Papieżem». Spojrzałam na niego rozczulona i spełniłam jego prośbę".

Rodzina Badillo wsiadła do samochodu i dwie godziny później przybyła na lotnisko w Zacatecas, gdzie Ojciec Święty miał wylądować. „Był tam olbrzymi tłum wiernych. Próbowaliśmy znaleźć jakieś miejsce, ale Heron był słabiutki i nie mogłam narażać go na nadmierny wysiłek. Na szczęście udało nam się dotrzeć do pierwszych rzędów. Mieliśmy nadzieję, że Jan Paweł II będzie koło nas przechodził".

W końcu samolot papieski wylądował w Zacatecas. Ojciec Święty wysiadł i zbliżył się do wiernych. „Ja i Heron wypatrywaliśmy go wzruszeni z daleka. I, rzecz niewiarygodna, Jan Paweł II wolnym krokiem skierował się do nas. Podszedł do mnie i do mojego synka". Heron trzymał w rękach białego gołębia, prezent dla Papieża. Jan Paweł II zbliżył się i poprosił, aby wypuścił ptaka. Chory chłopczyk, który miał na sobie swój odświętny strój, bladoniebieski komplet, spełnił prośbę. „Dotknęłam Papieża – kontynuuje Maria Badillo – płakałam i ze wzruszenia nie mogłam wydusić z siebie ani słowa. On też nic nie powiedział, tylko patrzył na cierpiącą buzię mojego synka: był słaby, chory, nie miał włosów. Widziałam, że rozumie mój matczyny ból i tak jakby mi mówił: nie martw się".

Potem Jan Paweł II pochylił się znów nad Heronem, pogłaskał go po twarzy, pocałował. „Mój synek uśmiechnął się, nic nie powiedział, on też był wzruszony. Papież wsunął mi do ręki prezent: różaniec, który przechowuję w domu jak relikwię".

Po spotkaniu rodzina Badillo wróciła do Rio Grande. „Heron był przeszczęśliwy. Nie byłam jeszcze w stanie uwierzyć, że spotkaliśmy Papieża i że on ucałował moje dziecko. Tego samego wieczoru Heron, który od wielu tygodni prawie nie jadł, powiedział: «Mam ochotę na kurczaka». Zjadł go ze smakiem tamtego wieczoru i w następnych dniach".

Co się stało? Dziecko zaczęło zdrowieć. „Mój syn powoli odzyskał siły, zaczął się z powrotem bawić, biegać, wrócił do dawnego życia. W ciągu kilku tygodni odzyskał całą żywotność. Choroba, ból i cierpienie zniknęły. Nie wiem, co by o tym pomyśleli lekarze, bo go do nich więcej nie wzięłam.

Według mnie uratował go Papież swoim pocałunkiem. Mój syn został cudownie uzdrowiony".

Rodzina Badillo odkryła potem, że moment spotkania Jana Pawła II z Heronem został uchwycony przez fotografa. „Posłaliśmy od razu do Watykanu to zdjęcie – opowiada Maria – a Papież napisał na nim własnoręcznie «*Cum benedictione*», czyli «Z błogosławieństwem», i nam je odesłał. W 2004 roku pojechaliśmy do Rzymu, do Watykanu, i mogliśmy się spotkać z nim, aby mu podziękować za to, co dla nas zrobił. Spotkanie było krótkie, ale wzruszające. «Pamiętam cię» – powiedział Papież do mojego syna, a Heron odpowiedział: «Dziękuję, Ojcze Święty. Podarowałeś mi, Ojcze, drugie życie»".

Dziś Heron Badillo jest dwudziestoczteroletnim, zupełnie normalnym młodym człowiekiem. Przez pewien czas rozważał możliwość wstąpienia do seminarium duchownego, „ale powołanie nie nadeszło" – mówi. To raczej rodzice popychali go w tym kierunku.

Młody człowiek ma teraz narzeczoną, co tydzień chodzi na mszę i uczy się, aby dostać się na inżynierię. Ma metr osiemdziesiąt wzrostu i jest okazem zdrowia. Według rodziców, a także księży z Zacatecas i kard. Lozano Barragana, Heron wyzdrowiał zupełnie z białaczki limfoblastycznej w ciągu kilku tygodni bez żadnej terapii. W Zacatecas i w okolicy wszyscy opowiadają tę samą wersję wydarzeń. „Nie mamy w tym żadnego interesu – mówi Felipe

Badillo, ojciec młodzieńca. – Nie żądamy pieniędzy za wywiady ani nie robimy starań o uznanie cudu". „Dla nas Papież już jest świętym. Jest nim od owego dnia w 1990 roku, kiedy uratował życie Heronowi – dodaje Maria. – Jeśli będą nas potrzebować w Watykanie, jesteśmy do dyspozycji".

W Państwowym Instytucie Pediatrii Miasta Meksyk dr Catalina Taboada, która prowadziła Herona piętnaście lat temu, poszła odnaleźć kartotekę chłopca, gdy tylko o tym przypadku zaczęło być głośno. Ordynator hematologii Rogelio Paredes wyjaśnia, że rodzice wzięli chłopca do domu nie dlatego, że był umierający. „W rzeczywistości – mówi wysłannikowi «Corriere della Sera» – choroba była w fazie remisji, to znaczy nie było limfoblastów (komórek rakowych – przyp. red.) ani we krwi, ani w szpiku kostnym". Pierwsze miesiące chemioterapii przyniosły więc efekt. Rodzice byli jednak wstrząśnięci ubocznymi efektami terapii na organizm dziecka, „ale żaden lekarz – wyjaśniają lekarze – nie zdecydowałby się na zawieszenie chemioterapii po pierwszych sześciu miesiącach". „Z naukowego punktu widzenia – mówi dr Taboada – dziecko nie zostało poddane wystarczająco skutecznej terapii". Szanse nawrotu choroby były bardzo wysokie. Lekarze konkludują, że całkowite wyzdrowienie, które faktycznie nastąpiło, przy braku pełnego cyklu terapii nie jest normalne, ale nie można go uznać za zupełnie niemożliwe.

Ksiądz Alessandro Overa

Ksiądz Alessandro Overa, czterdziestojednoletni neapolitański proboszcz, niechętnie mówi o tym, co go spotkało. Gdyby to od niego zależało, rozgłaszałby swoją historię po całym świecie, poszedłby do telewizji opowiedzieć o tym, co mu się wydarzyło, i o wielkiej czci, jaką darzy „swojego" papieża Jana Pawła II, dzięki któremu wyzdrowiał z ciężkiej choroby. Jednak kuria biskupia w Neapolu niechętnym okiem patrzy na to, by jeden z jej kapłanów publicznie opowiadał, że został cudownie uzdrowiony. Relację ks. Alessandro jako pierwszy opublikował dziennik „Il Mattino di Napoli", a następnie Francesco Cordella w tygodniku „Dipiù".

„Miałem raka – oświadczył kapłan kilka dni po śmierci papieża Jana Pawła II. – Często myślałem, że nie dam rady, czułem się straszliwie. Potem Jan Paweł II modlił się za mnie i wkrótce wyzdrowiałem".

Ksiądz Alessandro jest proboszczem w parafii pod wezwaniem Santa Maria della Purità w Neapolu. „Wiem z całą pewnością – mówi – że w Watykanie wiedzą o mojej historii". Jednak, jak wyjaśnialiśmy już kilkakrotnie, łaski, przypuszczalne cuda uzyskane dzięki wstawiennictwu polskiego papieża jeszcze za jego życia nie będą uważane za „dowody" w sprawie beatyfikacyjnej. Kongregacja ds. Świętych bierze bowiem pod uwagę tylko naukowo zweryfikowane cudowne wydarzenia, które nastąpiły po śmierci sługi Bożego, kandydata na ołtarze.

Wszystko to jednak absolutnie nie odbiera wagi opowiadanemu wydarzeniu i wartości, jaką ma ono dla obdarowanej osoby. Jak wyjaśnia ks. Alessandro, wycisnęło ono piętno na jego duszy. „Cierpienie i strach związany z chorobą zmieniły mnie. Teraz z większą mocą pomagam wiernym z mojej parafii, kiedy proszą mnie o pociechę".

Neapolitański kapłan mówi, że zawsze żywił głęboki podziw dla Jana Pawła II. „To papież, który towarzyszył mi w drodze do kapłaństwa powiedział ks. Alessandro tygodnikowi «Dipiù». – W latach dziewięćdziesiątych, będąc jeszcze w seminarium, miałem szczęście spotkać go w czasie jego wizyty w Neapolu. Był to dla mnie dzień szczególny, choć wówczas nie mogłem przypuszczać, że Papież osobiście tyle dla mnie zrobi". Było to w listopadzie 1990 roku. Na zdjęciu widać młodego kleryka Alessandro Overę w czarnej sutannie i białej komży odbierającego z rąk Jana Pawła II różaniec.

„Historia mojej choroby – opowiada proboszcz parafii Santa Maria della Purità – rozpoczęła się w 1998 roku. Byłem wówczas kapłanem od dwóch lat, szczęśliwy, że mogę służyć Bogu i braciom. Jednak pewnego dnia dostałem straszliwą wiadomość: zdiagnozowano u mnie raka. Ogarnęło mnie przygnębienie, ale postanowiłem nie szukać moralnego wsparcia u moich rodziców – nie chciałem, żeby się o mnie martwili, tym bardziej, że w tym okresie moja mama sama ciężko chora leżała w szpitalu. Nie było sensu dodawać moich trudności do jej dramatu.

Powierzyłem się modlitwie skierowanej przede wszystkim do Ojca Świętego. W głębi serca czułem, że dam radę wyzdrowieć. I rzeczywiście, wszystko poszło dobrze: szczęśliwie usunięto raka i lekarze powiedzieli mi, że to już koniec problemów. Po jakimś czasie również moja mama wyzdrowiała. Wydawało się, że już jest po wszystkim. Jednak byłem w błędzie. Moja kalwaria miała się dopiero zacząć".

Pięć lat później, w styczniu 2003 roku, ks. Alessandro poczuł przeszywający ból w dole brzucha. Poszedł do lekarza. Diagnoza była jednoznaczna. „Miałem innego raka, być może był on konsekwencją pierwszego. Jednak tym razem sytuacja była poważniejsza. Bardzo cierpiałem". Kapłan postanowił i tym razem nie mówić rodzicom o swojej chorobie. „Miałem tak silne bóle, że czasami nie miałem nawet siły, aby pójść do kościoła. Odwiedziłem wiele szpitali w całych Włoszech, ale opinie lekarzy nie były zbyt pocieszające. W tym czasie nie przestawałem się modlić i zwracałem się w myślach także do Jana Pawła II". Ksiądz Alessandro zaczął przyjmować morfinę, żeby uśmierzyć ból, ale nie tolerował jej i dostał żółtaczki. „Czułem się coraz gorzej" – opowiada proboszcz.

„W okresie wielkiego cierpienia odwiedził mnie któregoś dnia ks. Bruno Forte, mój przyjaciel, dziś arcybiskup Chieti. Powiedział do mnie: «W najbliższych dniach spotkam się z Papieżem i powiem mu o tobie». Tak też zrobił. Ksiądz Bruno opowiedział Janowi Pawłowi II moją historię". Papież po wysłuchaniu słów ks. Forte odpowiedział: „Proszę dać znać ks. Alessandro, że będę się za niego modlił". „Kiedy ks. Bruno wrócił i przekazał mi słowa Ojca Świętego, moje serce wypełniło się radością. Tego dnia miał miejsce pierwszy nadzwyczajny fakt: nagle ustały bóle, które tak mnie męczyły".

Ksiądz Alessandro czuł, że coś się wydarzyło, coś wspaniałego. „I rzeczywiście, wyniki badań były zaskakujące. Zrobiono mi tomografię komputerową – relacjonuje kapłan dziennikarzowi tygodnika «Dipiù». – Plamki, które było widać wcześniej, zniknęły. To było drugie nadzwyczajne wydarzenie w mojej historii, wydarzenie decydujące. Po modlitwie Papieża rak zniknął. Zupełnie nieoczekiwanie wyzdrowiałem. Poczułem się jak nowo narodzony i w końcu opowiedziałem wszystko moim rodzicom".

Po odzyskaniu zdrowia ks. Overa postanowił się spotkać z Janem Pawłem II, aby mu podziękować. „Dowiedziałem się od ks. Bruno, że sam Papież chciał się spotkać ze mną, kiedy dowiedział się, co się wydarzyło. Pojechałem do Rzymu, ale niestety nie mogłem rozmawiać z Papieżem w cztery oczy, ponieważ wypadło mu coś nieoczekiwanego. Spotkałem się jednak z bp. Stanisławem, jego sekretarzem. Wysłuchał mnie on i powiedział: «Nie dziw się, w innych przypadkach działy się podobne rzeczy».

Jeszcze teraz, po upływie roku – wyjaśnia kapłan – brzmią we mnie te słowa. Jestem innym człowiekiem, wewnętrznie bogatszym. I nadal modlę się do Papieża – człowieka, który odwrócił bieg mojego życia".

Po opublikowaniu swojego świadectwa neapolitański ksiądz, w porozumieniu ze swoim biskupem kard. Michele Giordano, postanowił spędzić jakiś czas w krajach misyjnych, w Afryce. Jednak nawet tam, na kontynencie przez wszystkich zapomnianym, który Jan Paweł II kilkakrotnie odwiedził, nadal wspomina w modlitwie „swojego" Papieża, który dzięki wstawiennictwu stał się dla niego pośrednikiem ogromnej łaski.

Aurélien Mottet

Dziś Ange-Aurélien Mottet ma trzydzieści siedem lat. Urodził się na Wybrzeżu Kości Słoniowej, ale mieszka w Szwajcarii. Opowiada nam swoją historię, będąc przejazdem w Rzymie.

„Mój ojciec jest Szwajcarem, matka pochodzi z Wybrzeża Kości Słoniowej. W wieku osiemnastu lat przeniosłem się do Szwajcarii, aby rozpocząć studia na uniwersytecie. W lecie 1992 roku skończyłem dwadzieścia lat i miałem odbyć służbę wojskową. Zacząłem się jednak źle czuć, miałem boleści w całym ciele...".

Aurélien nie rozumiał natury swojej choroby. Zadzwonił do matki na Wybrzeże Kości Słoniowej, a ona z pomocą swojej przyjaciółki umieściła go w szpitalu w Lozannie. Tam młodzieniec został poddany szczegółowym badaniom diagnostycznym. „Niestety, wykryto u mnie ciężką postać białaczki, raka krwi, i to już w ostatnim stadium – bardzo agresywną chorobę". Lekarze wyjaśnili mu, że z tej formy białaczki udaje się wyleczyć tylko pięćdziesiąt procent pacjentów, ale w jego przypadku choroba jest już w bardzo zaawansowanym stadium.

„Ze szpitala zadzwonili do mojej mamy i powiedzieli jej, żeby natychmiast przyjechała do Szwajcarii się ze mną zobaczyć, bo to może być ostatnia okazja! Ja czułem się bardzo źle, wszystko mnie bolało, nie zdawałem sobie sprawy z tego, co się działo". Pani Marie-Thérèse Mottet natychmiast przyleciała do Lozanny. Odbyła rozmowę z lekarzami, którzy zajmowali się jej synem. Diagnoza była bezlitosna. Był październik 1992 roku i zdaniem lekarzy Aurélien mógł nie dożyć do Bożego Narodzenia.

Pani Mottet nie chciała się pogodzić z tym, co usłyszała. Zadzwoniła do ks. Giovanniego D'Ercole, orionisty pracującego wówczas w watykańskim Sekretariacie Stanu i prowadzącego program telewizyjny w RAI, który swego czasu był misjonarzem na Wybrzeżu Kości Słoniowej. „Moja matka napisała do Jana Pawła II list, w którym opisywała mój przypadek i prosiła go o modlitwę. Ja dowiedziałem się o wszystkim dopiero później. List dotarł do ks. Giovanniego, który przekazał go osobiście Ojcu Świętemu".

Ksiądz D'Ercole przedstawił Janowi Pawłowi II historię Aurélena, a Papież odpowiedział: „Powiedz mu, żeby mnie odwiedził, jak już wyzdrowieje!". „Dokładnie tak – opowiada dzisiaj młody Afrykanin. – Nie powiedział «jeśli wyzdrowieje», ale «jak już wyzdrowieje», nie wątpiąc w to, że wyjdę z tej choroby".

Lekarze, którzy zajmowali się Aurélienem, próbowali ratować mu życie, stosując bardzo inwazyjną chemioterapię. „W grudniu, po pierwszym cyklu chemioterapii – opowiada młody Afrykanin – mój organizm zareagował bardzo pozytywnie. Lekarze nie rozumieli, co się dzieje. Wcześniej byłem zupełnie bez sił, choroba była już w ostatnim stadium i lekarze byli bardzo zdziwieni sposobem, w jaki mój organizm zareagował na terapię. Przez dwanaście miesięcy byłem poddawany chemioterapii. Za każdym razem mój organizm reagował pozytywnie i czułem się coraz lepiej.

Gdzieś w maju czy kwietniu 1993 roku ks. Giovanni D'Ercole przyjechał mnie odwiedzić w szpitalu – wspomina Aurélien – i przywiózł mi wiadomość od Papieża. Powiedział mi, że Ojciec Święty na mnie czeka, i dał mi poświęcony przez niego różaniec. Bardzo dużo modliłem się na tym różańcu, który stał się moją siłą. Po prawie roku chemioterapii wyzdrowiałem, a teraz mam trzydzieści trzy lata i czuję się zupełnie dobrze".

Aurélien nie wierzy w to, że wyzdrowiał dzięki terapii. „Byli lekarze, którzy mówili, że po prostu chemia zadziałała – opowiada. – Ale nawet oni przyznają, że reakcja mojego organizmu była zaskakująca, niezwykła. Plan, który opracowali, aby ratować mi życie był bardzo radykalny, za radykalny. Sami przyznają, że mogłem szybciej umrzeć z powodu leczenia niż z powodu białaczki. A więc także dla lekarzy moje wyzdrowienie było czymś nadzwyczajnym z uwagi na sposób, w jaki moje ciało od początku reagowało na chemioterapię".

Aurélien w 2002 roku zdołał spełnić swoje marzenie o spotkaniu z Ojcem Świętym. „Byłem w Rzymie rok wcześniej, ale tylko na audiencji generalnej, i widziałem Papieża tylko z daleka. Potem, w 2002 roku, mogłem pozdrowić go z bliska w Castelgandolfo razem z ks. Giovannim. Podziękowałem mu za to, że modlił się za mnie, że pomógł mi wyzdrowieć".

Młody człowiek zajmuje się obecnie informatyką. Bolesne doświadczenie roku spędzonego w szpitalu na krawędzi życia i śmierci jest już tylko złym wspomnieniem. „Wierzę, że Jan Paweł II jest świętym – mówi. – Teraz, po tym wszystkim, mam większą świadomość tego, co naprawdę się stało, i pomocy, jakiej udzielił mi swoją modlitwą Papież".

„Pope, come here"

Kolejnym znakiem kultu Jana Pawła II jest epizod z innej części świata dotyczący uzdrowienia dziecka Émile'a Barbary, który dziś ma trzydzieści trzy lata, ukończył studia prawnicze i marzy o zostaniu adwokatem. Rosemary Barbara jest kobietą bardzo religijną, była dyrektorem departamentu w australijskim Ministerstwie Edukacji, a obecnie pracuje w Urzędzie Imigracyjnym w Melbeurne, gdzie mieszka razem z mężem Charlesem i synem Émile'em.

„Kiedy Papież umarł – opowiada kobieta – wzruszyłam się i płakałam jak miliony wiernych na całym świecie i natychmiast wróciło do mnie jak żywe wspomnienie cudownego wydarzenia, które przydarzyło się mojej rodzinie: cud Papieża, który uratował mojego syna".

Pani Rosemary z wielkim przekonaniem mówi o „cudzie". Jej historia rozpoczęła się w 1976 roku wraz z narodzinami Émile'a. „Była to dla nas bardzo szczęśliwa chwila. Nie wiedzieliśmy, co miało nas spotkać". Kilka godzin po porodzie, w środku nocy, lekarze zawiadomili rodziców dziecka, że Émile ma bardzo poważne problemy z oddychaniem i muszą umieścić go w inkubatorze. „Oboje z mężem mieliśmy zamęt w głowie, próbowaliśmy nawzajem dodawać sobie otuchy, ale z upływem godzin przychodziły coraz gorsze wieści. U Émile'a zdiagnozowano ciężką chorobę: porażenie mózgowe, czyli uszkodzenie ośrodków motorycznych w mózgu, które, jak nam wyjaśnili lekarze, dotyka jednego na dwa miliony noworodków. Émile musiał pozostawać pod obserwacją dwadzieścia cztery godziny na dobę, ponieważ poza problemami oddechowymi miał też trudności w przełykaniu i lekarze obawiali się, że może się zachłysnąć. Tak więc dramat dotknął naszą rodzinę. Był to początek długiej drogi krzyżowej, długiego cierpienia naszego syna. Ja i mój mąż spędzaliśmy całe tygodnie w szpitalu, dzień i noc, nigdy nie zostawiając Émile'a samego. Zawsze byliśmy religijni, ale wówczas nasza wiara bardzo się umocniła: modliliśmy się w każdej godzinie, w każdej minucie".

Dziecko, dzięki Bogu, przezwyciężyło fazę, w której istniało zagrożenie życia, i jego stan ustabilizował się. Jednak nadal miało problemy z oddychaniem. Od lekarzy, którzy opiekowali się nim, doszły przygnębiające dla rodziców wiadomości: „Powiedzieli nam, że z powodu porażenia mózgowego nasz syn jest skazany na wózek inwalidzki. Były jedynie minimalne szanse, że kiedyś zacznie chodzić. Zapytaliśmy, czy istnieje jakaś metoda, ale lekarze odpowiedzieli: «Tego się nie da wyleczyć, wasz syn nigdy nie będzie chodził».

Lekarze – kontynuuje Rosemary Barbara – trzymali go trzy miesiące na obserwacji w szpitalu, a potem powiedzieli nam, że możemy wziąć go do domu, ale musimy codziennie przyjeżdżać na kontrolę. Byłam zrozpaczona. Tylko wiara mnie podtrzymywała i dlatego co noc modliłam się za Émile'a".

Mały Émile, jak przewidywali lekarze, oprócz problemów z poruszaniem się miał również trudności z mówieniem. Zaczął coś bełkotać dopiero w wieku trzech lat i nie potrafił prawidłowo wymawiać słów. „Mówił: mama, tata i niewiele więcej – opowiada Rosemary – a poza tym nie był w stanie utrzymać się na nogach, raczkował i z trudnością poruszał rękami. We mnie narastało przygnębienie.

Nie godziłam się na to, by mój syn spędził całe życie na wózku inwalidzkim".

Dnia 16 października 1978 roku Karol Wojtyła został wybrany papieżem. Od tamtego dnia Rosemary także do niego kierowała swoje prośby o pomoc i nosiła w sercu pragnienie zawiezienia syna do Rzymu, do Papieża, a potem również do Lourdes, do miejsca objawień Bernadetcie Soubirous. „Jakiś czas potem nadarzyła się okazja, abym spełniła moje marzenie. Moja kuzynka powiedziała mi, że do klasztoru w naszym mieście ma przyjechać ważna osobistość kościelna z Włoch – matka przełożona sióstr augustianek z Rzymu. Od razu poszłam, aby się z nią spotkać. Powiedziałam jej o moim synu, o tym, że chciałabym zawieźć Émile'a do Rzymu na spotkanie z Ojcem Świętym, a potem także do Lourdes. Matka przełożona długi czas mnie słuchała i wzięła sobie moje problemy do serca: obiecała, że napisze do mnie z Włoch i pomoże mi zorganizować spotkanie z Papieżem, a potem podróż do Francji".

Rosemary pozostawała w kontakcie z zakonnicą. W końcu otrzymała wiadomość telefoniczną: „Przyjeżdżaj do Rzymu. Spotkasz się z Papieżem, a potem pojedziesz do Lourdes". „To była Wielkanoc 1980 roku. Poleciałam pierwszym samolotem. Dzień później znaleźliśmy się na placu św. Piotra w tłumie wiernych, ale ponieważ Émile nie chodził i musiałam wozić go w wózku, stanęliśmy tuż przy barierce w sektorze dla niepełnosprawnych. Papież miał tamtędy przechodzić, a my chcieliśmy spróbować go zatrzymać. Byłam szczęśliwa: przynajmniej zobaczę Papieża z bliska. Émile uśmiechał się zaciekawiony i zadowolony, że się tam znalazł.

Po ponad godzinie oczekiwania – kontynuuje Rosemary – z daleka zobaczyliśmy Ojca Świętego, który pieszo szedł w naszą stronę. Émile zrobił rzecz niewiarygodną. On, który prawie nie mówił, obrócił się w kierunku Papieża i zawołał: «*Pope, come here, come here*», czyli: «Papieżu, chodź tutaj, chodź tutaj». A Papież utkwił w nim wzrok i skierował się w naszą stronę. Nie wydaje się to prawdą, ale tak właśnie było. Jan Paweł II podchodził do Émile'a, który go zawołał".

Istnieje fotografia, na której uchwycono tę chwilę. Widać, jak Ojciec Święty ujmuje w dłonie ubraną w brązowy kapelusik główkę małego Émile'a trzymanego na rękach przez mamę. „Byłam bardzo wzruszona, płakałam z radości – opowiada Rosemary Barbara. – Émile cały czas uśmiechał się. Potem Papież pogłaskał i pocałował mojego syna i wypowiedział słowa, których nigdy nie zapomnę i które do dziś brzmią mi w uszach. Zapytał: «Dlaczego płaczesz?». A ja z sercem w gardle odpowiedziałam: «Jesteśmy tu w Rzymie gośćmi. Mieszkamy u sióstr. Mój syn nie może chodzić». Chciałam mu jeszcze tyle powiedzieć, ale z emocji głos uwiązł mi w gardle. Wtedy Papież jeszcze raz spojrzał na Émile'a, potem na mnie, uśmiechnął się i powiedział: «Pojedź z synkiem do Lourdes, a zobaczysz, że będzie chodził». Tak, to właśnie powiedział. I to zdanie Ojca

Świętego zrodziło we mnie nadzieję, jakiej dotąd nigdy nie miałam. A potem wydarzyło się jeszcze coś zadziwiającego. Papież wśród zdumionych spojrzeń ludzi, którzy nas otaczali, włożył rękę do kieszeni, wyciągnął dwa przedmioty i wręczył mi je. Był to krzyż i różaniec. Potem wziął od jednego z kapłanów, którzy mu towarzyszyli, czekoladowe jajko wielkanocne i dał je Émile'owi.

W tamtych chwilach – pani Rosemary powiedziała dziennikarzowi tygodnika «Dipiù» – czułam nieprawdopodobne emocje, nagle ogarnęła mnie jakaś błogość. Poczułam się, nie da się tego ukryć, jak w raju. Papież rozmawiał ze mną i z moim dzieckiem i dał nam nawet trzy rzeczy: krzyż, różaniec i jajko z czekolady. Pamiętam, że zanim odszedł, jeszcze raz pogłaskał Émile'a. We łzach, ale z sercem pełnym radości myślałam o tym, co Jan Paweł II nam powiedział...".

Dzień później, pełna nadziei i pocieszona słowami Jana Pawła II, Rosemary wyruszyła w towarzystwie sióstr augustianek do Lourdes. Zaraz po przyjeździe kobieta zanurzyła małego Émile'a w wodzie wypływającej ze świętego źródła wskazanego św. Bernadetcie przez Matkę Bożą. „Rozpłakałam się tam wzruszona, skołowana i szczęśliwa. I wówczas wydarzyła się następna niezwykła rzecz. Nagle Émile, który miał nóżki zanurzone w wodzie, popatrzył na mnie i powiedział: «Nie płacz, mamo, Matka Boża powiedziała, że będę chodził». Odebrało mi mowę. Przy tej scenie był obecny pewien kościelny dostojnik, kardynał, który nam towarzyszył. Położył mi rękę na ramieniu i powiedział: «Proszę pani, Matka Boża często przesyła wiadomości przez dzieci». Miałam wówczas pewność, że Maryja odezwała się do mojego dziecka. «Émile'u, czy Matka Boża coś do ciebie mówiła?» – zapytałam. «Tak, mamo. Powiedziała, że będę chodził».

Wróciliśmy do Australii, do naszego normalnego życia. Co rano szłam do biura, do Ministerstwa Edukacji, a Émile'a odwoziłam do przedszkola dla dzieci z zaburzeniami ruchowymi, pod opiekę specjalisty. Codziennie myślałam o słowach Papieża i o tym, co zdarzyło się w Lourdes, co noc modliłam się. Wiedziałam, że wydarzy się coś nadzwyczajnego.

Sześć tygodni po podróży do Włoch i Lourdes dostałam telefon od wychowawczyni Émile'a z przedszkola. «Proszę jak najszybciej przyjechać, mamy tu dla pani niespodziankę». Rzuciłam słuchawką i pobiegłam. Weszłam do budynku przedszkola i, dochodząc do sali Émile'a, usłyszałam straszny jazgot: śmiechy, oklaski, atmosferę euforii. Kiedy weszłam, oniemiałam. Émile wstał z fotela na kółkach i chodził. Był to pierwszy raz, kiedy widziałam go stojącego na własnych nogach. Spojrzał na mnie i uśmiechnął się. Wybuchłam płaczem, podbiegłam do niego i przytuliłam go. «Émile'u, Papież i Matka Boża uczynili cud». A on odparł mi na to: «Przecież ci mówiłem, mamo». Był to najpiękniejszy dzień mojego życia. Od tego momentu mój syn coraz lepiej chodził i zaczął też normalnie mówić. Lekarze byli zdumieni. Mówili, że to coś wyjątkowego".

Od tego czasu Émile wiedzie normalne życie. Skończył prawo i chce zostać adwokatem. „Nasze myśli i modlitwy często zwracają się w stronę papieża Jana Pawła II – konkluduje pani Rosemary Barbara – a teraz, kiedy umarł, chcemy jechać do Rzymu i pomodlić się na jego grobie".

Uzdrowienie Rity Arcangeli

Chore oko i ryzyko bezpowrotnej utraty wzroku. Gest Papieża. Natychmiastowa ulga, a potem wyzdrowienie. Jest mnóstwo świadectw opisujących podobne epizody. Dla tych, którzy tego doświadczyli, są to szczególne łaski. Nikt z pewnością nie nazwie ich nigdy cudami, jednak są one znakami świadczącymi o opinii świętości polskiego papieża.

Pani Rita Arcangeli mieszka w Rzymie z synem Franceskiem, śpiewakiem. Ma jeszcze dwie córki: Monicę, która jest muzykiem i pracuje w Paryżu, oraz Valentinę pracującą z byłym mężem pani Rity jako manager w amerykańskiej spółce. „Moja kalwaria – opowiada Rita dziennikarzowi «Dipiù» Francesco Cordelli – rozpoczęła się w 1974 roku. Byłam w Genui na spacerze z moim mężem, dokąd przeprowadziliśmy się z Rzymu z powodów zawodowych, kiedy nagle poczułam ból w prawym oku: ukłucie tak silne, że aż krzyknęłam. Pojechaliśmy od razu do szpitala, gdzie natychmiast mnie przyjęto. Sam ordynator powiedział mi: «Bardzo mi przykro, ale zaraziła się pani złośliwym wirusem opryszczki. Jest to ciężka infekcja, która może spowodować problemy z widzeniem i dolegliwości bólowe przez bardzo długi czas»".

Lekarz wyjaśnił kobiecie, że nie istnieje skuteczna terapia, która raz na zawsze wyleczyłaby jej oko – opryszczka może znikać, a potem będzie powracać, powodując zawsze mocny ból. „Widziałam przed sobą w przyszłości nieustanne cierpienie i bardzo bałam się, że w ogóle stracę wzrok w prawym oku. W szpitalu leczono mnie, podając krople do oka i zakładając na nie opatrunek. Od tego czasu miałam przychodzić do szpitala codziennie rano, aby przyjmować leki: złośliwy wirus mógł spowodować poważne zapalenie rogówki i należało mieć go pod kontrolą".

Życie pani Arcangeli odmierzały odtąd codzienne wizyty w szpitalu. Często w pracy odczuwała silny ból. Nie dawał on jej zasnąć także nocami. „Okolica oka puchła, a wewnątrz pojawiały się ślady krwi. Sytuacja taka trwała długi czas. Czasami, jak mi to powiedzieli lekarze, opryszczka znikała i mogłam zdejmować opatrunek z oka, jednak zawsze po kilku dniach wracała. Kiedy tak się działo, czułam potworny ból i musiałam biec do szpitala. Ten problem rujnował mi życie. Chodziłam po lekarzach, ale odpowiedź była zawsze taka sama: «Proszę pani, nic nie da się zrobić»".

Przez pięć lat pani Rita żyła z opatrunkiem na oku i musiała przechodzić codzienne zabiegi w szpitalu.

„Zwróciłam się również do specjalistycznych ośrodków okulistycznych za granicą – opowiada kobieta – ale tamtejsi lekarze nie pocieszyli mnie: «Musi pani nauczyć się z tym żyć...». Tylko wiara mnie pocieszała. Codziennie modliłam się i dzięki temu czułam się lepiej. W 1978 roku, kiedy wybrano na papieża Karola Wojtyłę, zwróciłam się z moimi błaganiami także do niego i od początku poczułam do niego szczególne nabożeństwo.

Z dnia na dzień rosło we mnie wewnętrzne pragnienie spotkania się z Ojcem Świętym pewnego wieczoru pojechałam do Rzymu, biorąc ze sobą moje dwie córki. Zatrzymałyśmy się u mojej matki i miałyśmy nadzieję, że uda nam się zobaczyć Jana Pawła II z bliska. Była to środa w styczniu 1979 roku. Przyszłam do Bazyliki św. Piotra wcześnie rano, aby uczestniczyć w papieskiej audiencji. Udało mi się wejść z córkami do środka i zająć miejsce w pierwszych rzędach.

Czekałam na Papieża z wielką nadzieją i pragnęłam, aby do nas podszedł. Po półtorej godziny zobaczyłam wreszcie z daleka, że zbliża się, otoczony tłumem wiernych. Wydawało mi się, że jestem w raju. Ojciec Święty uśmiechał się. Wyraz jego twarzy poraził mnie. «To jest twarz świętego» – pomyślałam. Byłam już bardzo szczęśliwa tylko dlatego, że go zobaczyłam. Ale potem wydarzyło się także to, o czym tak bardzo marzyłam: Jan Paweł II zbliżył się do nas, przytulił jedną z moich córek i od razu obrócił się do mnie. Wypowiedział zdanie, którego nigdy nie zapomnę: «Jesteś dobra. Pomodlę się za ciebie». Kiedy mówił te słowa, które cudownie dźwięczały w moich uszach, zaczął głaskać moją twarz wokół chorego oka, jak zwykle przysłoniętego opatrunkiem. Dotykał skóry wokół oka dwoma palcami przez chwilę, która wydała mi się bardzo długa. Z bijącym sercem odpowiedziałam mu: «Dziękuję, Ojcze Święty». On uśmiechnął się jeszcze do mnie i w końcu odszedł w kierunku kolejnych wiernych.

Wróciłam do domu mojej matki i dopiero wówczas pomyślałam o moim oku: nie czułam już bólu. Podeszłam do lustra, powoli zdjęłam opatrunek i nie mogłam uwierzyć w to, co zobaczyłam – moje oko było zupełnie zdrowe. Żadnej opuchlizny, żadnych śladów krwi wewnątrz, żadnego bólu. Po tym, jak Papież mnie dotknął, moja choroba zniknęła. «Myślę, że to był cud Jana Pawła II» – powiedziałam do mojej matki, która patrzyła na mnie, nie mogąc z siebie wydobyć słowa. Wiedziałam w moim wnętrzu, że wirus opryszczki nigdy już nie wróci tak jak przedtem. Wówczas, kiedy Ojciec Święty dotknął mojego chorego oka, miałam wrażenie, że nie będę już cierpieć. I tak rzeczywiście się stało. Wirus już nigdy nie powrócił, raz na zawsze uwolniłam się od tego bólu i od obawy o utratę wzroku".

Pani Rita rozmawiała ze swoimi lekarzami o tym, co się stało. „Nikt nie umiał wyjaśnić tego nagłego i nieoczekiwanego wyzdrowienia. Jeśli chodzi o mnie, mam niewiele wątpliwości: to był cud. Mogłam wreszcie zapomnieć o porankach spędzanych w szpitalu, kłującym bólu nie do zniesienia, bezsennych nocach. Wróciłam do spokojnego życia. Czułam się tak, jakbym się na nowo narodziła. Od tamtego momentu, kiedy się budzę, i wieczorem, kiedy idę spać, modlę się zawsze przed obrazem Jana Pawła II z nadzieją w sercu, żeby jak najszybciej został ogłoszony świętym".

Krzyk w głębi serca

Ten cudownie uzdrowiony misjonarz zmarł tragicznie po serii ciosów zadanych w głowę nożem. Znaleziono go 22 maja 2005 roku w jego domu w Torrebelvicino, w prowincji Vicenza, leżącego w kałuży krwi, zamordowanego. Zabity został nie wiadomo przez kogo po piętnastu latach, które poświęcił na pomoc innym i posługę najbardziej potrzebującym; ten, który sam otrzymał wielką łaskę po spotkaniu z Janem Pawłem II. W ten sposób odszedł w wieku pięćdziesięciu czterech lat Ugo Festa, człowiek uzdrowiony z dystrofii, stwardnienia rozsianego, poważnej deformacji kręgosłupa, przez którą prawie czterdzieści lat był przykuty do wózka inwalidzkiego.

Jego historia pozostałaby na stronach lokalnej kroniki, gdyby nie to, że dziennikarz i pisarz Antonio Socci opublikował ją ze szczegółami na łamach

„Il Giornale". Ugo Festa, urodzony w 1951 roku, od młodości chorował na stwardnienie rozsiane. Gdy miał trzydzieści lat, doszła do tego ciężka postać dystrofii mięśniowej, potem epilepsja i deformacja kręgosłupa. Jego życie stopniowo zmieniło się w męczarnię, a sytuacja kliniczna została określona przez lekarzy jako rozpaczliwa. Stwierdzili oni, że nie mogą nic dla niego zrobić.

Ugo Festa znajdował się więc nad grobem, samotny i zrozpaczony. Nie miał wiary. Co więcej – jak opowiada Maria Acqua Simi z Cremony, która znała go i pielęgnowała – był „antyklerykałem i niewierzącym". Nie było mu łatwo przyzwyczaić się, przyjąć ból i cierpienie tak fizyczne, jak i duchowe powodowane przez kolejne choroby. „Był to człowiek zgorzkniały z powodu cierpienia, zbuntowany przeciwko swojemu straszliwemu losowi i przeciw samemu Bogu" – wspomina jeszcze Maria Acqua. Zbuntował się, ale w głębi jego serca pozostał krzyk. I to właśnie od tego krzyku zaczęła się modlitwa człowieka, który nie miał nic do stracenia i uważał, że jego los jest już przypieczętowany.

Dnia 28 kwietnia 1990 roku Ugo udał się z pielgrzymką do Rzymu, gdzie w tych dniach przebywała również Matka Teresa z Kalkuty, anioł trędowatych, zakonnica, która jest już dziś błogosławioną. Ich spotkanie było wzruszające: malutka pochylona albańska zakonnica w swoim białym sari pocieszała go, wczuwała się w jego położenie, tak jak zwykła czynić wobec najbiedniejszych z biednych, których zbierała z ulic Kalkuty i całego świata. Miała dla niego także propozycję: zachęciła go, aby pojechał do sanktuarium Miłosierdzia Bożego w Trydencie i tam modlił się o łaskę. On jednak odmówił. Był załamany i zrozpaczony, a przecież tak bardzo potrzebujący... Siostry Matki Teresy nie dały jednak za wygraną i zanim odeszły, zostawiły mu medalik i obrazki Jezusa Miłosiernego, którego kult szerzyła św. Faustyna Kowalska, beatyfikowana w 1993 roku i kanonizowana w 2000 przez Jana Pawła II, który zresztą miał do niej szczególne nabożeństwo.

Dnia 29 kwietnia 1990 roku, dzień po spotkaniu z Matką Teresą, ciężko chorego człowieka zaprowadzono na audiencję z Papieżem. Ugo siedział na wózku z medalikiem na szyi otrzymanym od sióstr Matki Teresy na szyi, trzymając w ręce obrazek Jezusa Miłosiernego, aby Jan Paweł II go pobłogosławił. Desperacki zryw nadziei? Przesąd? Po prostu niemy krzyk duszy. Jak zawsze w czasie audiencji generalnych, uwaga Papieża skierowała się przede wszystkim ku chorym. Jan Paweł II przeszedł także obok Uga. Zobaczył, że ten bardzo cierpi, i zapytał go: „Jak się czujesz?". Ugo nie potrafił powstrzymać łez. Wybuchnął płaczem, wyrzucił z siebie całą swoją rozpacz. Był skazany na wózek inwalidzki, na śmierć. Ojciec Święty słuchał go z uwagą i czułością, ową szczególną czułością, jaką okazywał najsłabszym i najbardziej potrzebującym. „Ale jak możesz czuć się tak fatalnie, jeśli trzymasz w ramionach

Jezusa Miłosiernego? Zaufaj mu i poproś moją siostrę Faustynę, aby się za tobą wstawiła".

Spotkanie to pozostawiło ślad. Ugo postanowił pojechać do sanktuarium Bożego Miłosierdzia w Trydencie, tak jak sugerowała mu Matka Teresa z Kalkuty. Kiedy przybył przed obraz Jezusa Miłosiernego czczony w trydenckiej świątyni, został tam przez trzy dni, aby się modlić. Czwartego dnia otrzymał niewytłumaczalną łaskę, doświadczył nieoczekiwanego cudu. „Ugo poczuł – opowiada Socci, który zrekonstruował historię jego i jego uzdrowienia – intensywne ciepło w całym ciele. Nagle zorientował się, że stoi z rękami wyciągniętymi w kierunku Jezusa. Zobaczył, że sam Jezus podchodzi do niego. Miał tylko tyle czasu, żeby pomyśleć: «Boże, przecież to Jezus! Podchodzi do mnie!». Wiedział, że to nie sen, ale wolał myśleć, że tak. Bał się, że się łudzi, że sobie to wszystko wyobraża. Ale dostrzegł Jezusa, który powtórzył mu to, co mówił w Palestynie, gdy rozkazywał paralitykom: «Wstań i chodź!». Te właśnie słowa usłyszał i to skierowane pod swoim adresem. Zaufał temu tajemniczemu rozkazowi, wstał z wózka, zaczął chodzić. W jednym momencie, nagle, jak nożem uciął, wszystkie choroby, na które cierpiał, znikły, uleciały. W ciągu kilku chwil odzyskał całkowicie zdrowie, tak jakby nigdy nie chorował. Ugo wybiegł z kościoła i na całe gardło krzyczał o swojej radości z otrzymanej łaski".

Dnia 19 sierpnia Festa znów przybył na papieską audiencję. Raz jeszcze znalazł się blisko Jana

Pawła II. Teraz rozpacz i łzy ustąpiły miejsca nadziei. Opowiedział Papieżowi o tym, co go spotkało po tym, jak poszedł za jego radą i zaufał Bożemu Miłosierdziu.

Życie Uga zmieniło się radykalnie. Został uzdrowiony i właśnie dlatego pragnął spędzić całe swoje życie, składając Bogu dzięki poprzez pomoc innym ludziom. Wyjechał na misje. Był pielęgniarzem woluntariuszem w Indiach, potem w Afryce, pomagając w placówkach sióstr Matki Teresy. Nie oszczędzał się i robił, co w jego mocy, żeby uciułać trochę pieniędzy na chleb i lekarstwa dla swoich chorych. „Pewnego dnia – opowiada Maria Acqua – zobaczyłam go z kolczykiem w uchu. Zdumiałam się. Opowiedział mi, że zrobił to, bo się założył: jeszcze dziesięć dni i dostanie tysiąc euro dla chorych. Organizował sprzedaż różańców i przedmiotów drewnianych wykonanych przez jego chorych. Wpadał do domu z dziesięcioma tysiącami obrazków afrykańskich świętych, różańców i krzyżyków... To był taki człowiek, który przepowiadał Ewangelię umierającym, pomagając Matce Teresie".

Maria Acqua spotkała go ostatni raz kilka dni przed jego śmiercią. „Powiedział mi: «Wiesz, kochana, mam raka. Ale co mnie to obchodzi! Jeśli Jezus raz mnie uratował, to teraz mnie to nie rusza»".

Ugo do końca pomagał chorym i opuszczonym, imigrantom i bezdomnym, przyjmował ich do swojego domu – tego samego, w którym 22 maja 2005 roku znaleziono go z rozbitą od ciosów noża czaszką. „Śledztwo dopiero się rozpoczęło – konkluduje Socci. – Ale w gruncie rzeczy najważniejsze już wiadomo: umarł dla Chrystusa". Umarł, oddając się innym, ten, który dzięki spotkaniu z Matką Teresą i Papieżem otrzymał tak wielką łaskę; ten, któremu przedłużono życie i który mógł po kilkudziesięciu latach opuścić wózek inwalidzki.

Każde ludzkie życie, nawet to pozornie najmniej znaczące, życie opuszczonych, załamanych, jest cenne w oczach Boga. Cud uzdrowienia i misji Ugo Festy tego dowodzi.

Otrzymane łaski

Po tym krótkim przeglądzie opowiadań, historii, wzruszających świadectw, które świadczą o tym, co działo się wokół Jana Pawła II, nadszedł moment, by przyjrzeć się niektórym sygnałom o łaskach otrzymanych po śmierci Papieża. W aktach sprawy beatyfikacyjnej znajduje się 251 doniesień o uzdrowieniach niemożliwych do wyjaśnienia z naukowego punktu widzenia, które mogłyby się przyczynić do wyniesienia polskiego papieża na ołtarze. Z pewnością konieczna będzie pogłębiona weryfikacja i dalsze badania, tak by dowieść ponad wszelką wątpliwość, że wydarzeń tych nie da się wyjaśnić w sposób naturalny.

Sam kardynał metropolita krakowski ks. Stanisław Dziwisz, który przez czterdzieści lat był sekretarzem Jana Pawła II, potwierdza ten deszcz doniesień o łaskach otrzymanych za wstawiennictwem Ojca Świętego.

Oto dwa najgłośniejsze przypadki przytoczone przez tygodnik „Oggi". Jeden miał miejsce w diecezji Houston w Stanach Zjednoczonych, drugi w Gdańsku. Zdaniem lekarzy konsultantów nie mogą być one wyjaśnione naukowo i kwalifikują się jako niewytłumaczalne. Są to dwie historie bardzo od siebie odległe, połączone jednak postacią polskiego papieża.

Dawid

Zaczniemy od historii Dawida, dziewięcioletniego chłopca, który trafił do szpitala w Gdańsku z powodu złośliwego nowotworu nerek. Lekarze nie dawali rodzicom dziecka, Mirosławowi i Lucynie, żadnej nadziei. Operacja była niewskazana, ponieważ narządy były zbyt delikatne, a przerzuty do innych organów zbyt liczne. Rodzice nalegali, aby podjąć próbę – chcieli za wszelką cenę uratować swoje jedyne dziecko i zaklinali lekarzy, by mimo wszystko przeprowadzić operację. W końcu lekarze zgodzili się na prośby rodziców i poddali Dawida skomplikowanej operacji. Rezultat zabiegu był jednak inny od oczekiwanego. Stan chłopca nie poprawił się, a wręcz wydawał się coraz bardziej niepokojący. Próbowano także terapii innowacyjnym lekiem pochodzącym ze

Stanów Zjednoczonych. Jednak sytuacja pogarszała się. Sam Dawid, wyczerpany i świadom tego, co się dzieje, poprosił rodziców, aby nie pozwolili już lekarzom maltretować jego umęczonego ciałka rozpaczliwymi próbami ratowania mu życia.

Lucynie i Mirosławowi pozostała tylko modlitwa. Przy łóżku Dawida przyzywali nieustannie pomocy Jana Pawła II, „swojego" Papieża. Co więcej, w tych straszliwych dniach udręki przeżywanej u wezgłowia łóżka synka przyszedł im do głowy pomysł zuchwały, żeby nie powiedzieć nierozważny. Postanowili zawieźć dziecko do Rzymu na grób Ojca Świętego, mimo że stan chłopca na to nie pozwalał. Mały był zbyt osłabiony, bardzo wychudł. Lekarze, poproszeni o opinię, absolutnie odradzali podróż. Jednak nie mogli nic poradzić na upór chłopca, który oświadczył, że mimo ryzyka, mimo wszystko chce pojechać w podróż do Rzymu i nawiedzić grób Jana Pawła II.

Rodzina zatem wyruszyła. Najpierw polecieli samolotem z Gdańska do Rzymu. Następnie karetka zabrała Dawida, Lucynę i Mirosława z lotniska Fiumicino bezpośrednio na plac św. Piotra. Był 29 sierpnia 2006 roku, godzina 17.40. Bazylikę już zamykano i rodzice z Dawidem na noszach ledwie zdążyli zejść do Grot Watykańskich. Chłopiec z mamą i tatą modlił się przy grobie Jana Pawła II. Wszyscy troje prosili o niemożliwe – o cud uzdrowienia. Dziesięć minut klęczeli z zamkniętymi oczami, zatopieni w modlitwie. Dawid nie powiedział ani słowa, ale zanim oddalili się od marmurowej płyty, na jego twarzy pojawił się blady uśmiech. Pielęgniarze popchali wózek chorego w kierunku wyjścia. Za nimi podążali Lucyna i Mirosław.

Natychmiast po opuszczeniu bazyliki Dawid niespodziewanie poprosił sanitariuszy, aby zatrzymali się: „Pomóżcie mi zejść, chcę iść sam!" – powiedział. Dorośli nie mieli nawet czasu zdziwić się tym niecodziennym żądaniem. Chłopiec sam zszedł z noszy i poszedł na środek placu. Niemożliwe! Została przecież z niego tylko skóra i kości! Nie wiadomo, jak w ogóle był w stanie utrzymać się na nogach. Ale to nie wszystko. Dawid poprosił o coś do jedzenia.

Lucyna i Mirosław wybuchli płaczem, widząc, jak ich synek prawie biegnie, trzymając spodnie w rękach – schudł bowiem tak bardzo, że z niego spadały. W nocy nikt z nich nie mógł zasnąć. W rzymskim pensjonacie, gdzie zatrzymali się, panowało zamieszanie. Rodzice opowiadali o swoim niewiarygodnym przeżyciu innym gościom. Wszyscy byli gotowi następnego dnia udać się do grobu Jana Pawła II, aby mu podziękować.

Prośba Mirosława i Lucyny została wysłuchana. Dawid czuł się lepiej. Podróż okazała się momentem zwrotnym. Polski papież wysłuchał, jak się zdaje, modlitw tej udręczonej cierpieniem rodziny.

Dawid i jego rodzice wrócili do Polski. Znowu poszli do gdańskiego szpitala. Chcieli zasięgnąć opinii lekarzy, chcieli im pokazać, co się stało, usłyszeć ich diagnozę i wyjaśnienia. Przypadek wymagał czasu, badań, kontroli, analiz, potwierdzeń ze strony lekarzy, którzy towarzyszyli krok po kroku przebiegowi strasznej choroby chłopca. Dopiero 5 września 2007 roku, czyli rok później, polska komisja medyczna oświadczyła, że Dawid całkowicie wyzdrowiał ze złośliwego nowotworu nerek i zaświadcza, że jest to wyzdrowienie niewytłumaczalne. Ta choroba w stadium, do jakiego doszła, powinna być śmiertelna. Chłopiec powinien był umrzeć. A jednak Dawid powrócił do życia, do szkoły, do przyjaciół. Wszystko dzięki modlitwie przy grobie Jana Pawła II.

Małżonkowie z Teksasu

Drugi przypadek dotyczy pary Teksańczyków, Ewy i Mariana, mieszkających w Houston, słynnej siedzibie NASA, z której tylekroć startowały rakiety kosmiczne. Ewa i Marian, których historię po raz pierwszy opowiedział tygodnik „Oggi", są parą emerytów. W pewnym wieku dolegliwości są już czymś na porządku dziennym. Jednak we wrześniu 2007 roku Ewa trafiła do Saint Luke Hospital z powodu ciężkiej duszności o nieznanej przyczynie. Poważny atak wymagał szczegółowych badań lekarskich. Analizy wykazały istnienie jedynie torbieli na jajniku, która jednak nie mogła mieć nic wspólnego z nagłymi zaburzeniami oddechowymi. Starsza kobieta została wypisana ze szpitala. Kilka dni później nastąpił kolejny atak. Ewa nie mogła złapać tchu, serce waliło jak oszalałe. Mąż wezwał karetkę, która przyjechała w mgnieniu oka. Tym razem już sanitariusze zdali sobie sprawę z powagi sytuacji, przygotowywali Mariana na najgorsze. „Nie wiemy, czy żona dojedzie żywa do szpitala" – powiedzieli mu wprost. Kobieta była sina, prawie nie oddychała. Do szpitala dojechała jednak żywa i trafiła na oddział reanimacyjny. Tam lekarze zdiagnozowali zator tętnicy płucnej. Jeden z nich wziął Mariana na rozmowę i z poważnym wyrazem twarzy powiedział: „Serce pańskiej żony jest już uszkodzone... To kwestia kilku godzin".

Mężczyźnie zawalił się świat. Ewa, kobieta, którą kochał całe życie, umierała, a on miał zostać sam. Marian znieruchomiał przed szklaną ścianą sali reanimacyjnej. Po drugiej stronie leżała zaintubowana żona i walczyła ze śmiercią. Rzucił jej ostatnie czułe spojrzenie, a potem pobiegł do szpitalnej kaplicy. Tam modlił się do Jana Pawła II. Szeptane słowa stapiały się z gorącymi łzami spływającymi po policzkach. Nie śmiał prosić o uzdrowienie żony, ale błagał przynajmniej o siłę do przeżycia bólu utraty Ewy – kobiety, z którą przeżył w miłości ponad trzydzieści lat.

Po modlitwie Marian wrócił pod szklaną ścianę sali reanimacyjnej. Zorientował się, że kiedy był w kaplicy, sytuacja definitywnie załamała się. Wydawało się, że wszystko już skończone. Aparat rejestrujący pracę serca Ewy wydawał jednostajny dźwięk, zielona linia stała się płaska.

Marian wypłakał wszystkie swoje łzy i po paru minutach skierował się w stronę wyjścia ze szpitala. Nie chciał być świadkiem ostatnich czynności, jakie personel musiał wykonać na martwym ciele jego żony. Myślami był już na pogrzebie i później. Zastanawiał się, jakie będzie jego życie bez Ewy. Właśnie miał wsiąść do taksówki, kiedy usłyszał, że ktoś go woła. Obrócił się i zobaczył, że biegnie za nim lekarz. „Chce mnie poinformować o zgonie" – powiedział do siebie. Próbował zamknąć za sobą drzwi taksówki – nie mógłby znieść tych słów. Ale lekarzowi udało się w ostatniej chwili go dogonić: „Pańska żona żyje! Odzyskała przytomność i pyta o pana. Nie może pan teraz wychodzić!".

Marian przez chwilę nie wiedział, co się dzieje. Wydawało mu się, że śni. Ale to wszystko była prawda. Ewa z uśmiechem czekała na niego na łóżku w sali reanimacyjnej. Nawet wstała i wyszła mu naprzeciw. Naokoło nich zgromadzili się lekarze. Nie potrafili wytłumaczyć, jak to się mogło stać, w jaki sposób kobieta tak nagle odzyskała przytomność.

Następnego dnia Ewę poddano szczegółowym badaniom. Lekarze chcieli się dokładnie dowiedzieć, zrozumieć, co się stało. W czasie badań poczynili zaskakujące odkrycie: nie było śladu torbieli na jajniku ani jakiegokolwiek zatoru w płucach. A serce? Jakby nigdy nie szwankowało. Niektórzy lekarze mówili o „szokującym" wydarzeniu, inni ośmielali się wręcz wypowiadać słowo „cud", ale wszyscy byli zgodni co do jednego: „To przypadek wskrzeszenia ze śmierci potwierdzonej przez aparaturę". Przeprowadzona została kilkakrotna kontrola całego sprzętu i wszystkich parametrów. Nie było naukowego wyjaśnienia tego, co się stało.

Marian i Ewa wrócili do swojego małego domku w Houston. Strzegą wielkiej tajemnicy – wszyscy lekarze wiedzą, co stało się w sali reanimacyjnej, ale nikt z nich nie wie o tym, co miało miejsce w kaplicy Saint Luke Hospital, kiedy Marian zwrócił się z modlitwą do papieża Jana Pawła II.

Nicola Grippo

Wśród doniesień o łaskach, które miano otrzymać za wstawiennictwem Jana Pawła II już po jego śmierci, jest także historia włoska.

„Papież ukazał się we śnie mojej żonie, a ja wyzdrowiałem. Rak zniknął...". Taka wiadomość dotarła z Salerno. Przypuszczalny cud nie został jeszcze oficjalnie potwierdzony, ale siedemdziesięciosześcioletni Nicola Grippo twierdzi, że został uzdrowiony z raka nerki i płuca, a wiadomość o cudzie podał arcybiskupowi Salerno Gerardo Pierro podczas homilii z okazji uroczystości Wszystkich Świętych w 2006 roku.

Całe życie Nicoli Grippo usłane było cierpieniem i bólem. „Jesteśmy z żoną sami. Straciliśmy dwie córki. Jedna miała dwadzieścia lat i zabrała ją białaczka, druga zginęła w wypadku samochodowym. Wolałbym, żeby dla nich wydarzył się cud, a nie dla mnie, starego".

Mężczyzna mówi z rezygnacją, ale oczy mu błyszczą, kiedy opowiada swoją nieprawdopodobną historię. „Trzy lata temu odjęli mi nerkę. Potem odkryli plamy na płucu i na dwóch kręgach. Zaczęły się tortury chemioterapii. Nie tolerowałem ich, cały dygotałem i byłem taki słaby. Wymiotowałem lekami. W zasadzie nie miałem nadziei".

Lekarze zdawali sobie sprawę, że sytuacja jest bardzo poważna i mimo terapii choroba rozwija się i rozprzestrzenia. Jego siedemdziesięciodwuletnia żona Elżbieta, osoba bardzo religijna, coraz intensywniej modliła się, nie chciała się poddać. Był rok 2005 i Jan Paweł II właśnie zmarł. Pamiętne dni, kiedy przed jego ciałem przechodziły całe tłumy, a wszyscy wielcy tego świata spotkali się na placu św. Piotra w czasie jego pogrzebu, są wspomnieniem jeszcze bardzo żywym. Elżbieta żywiła zawsze wielki podziw dla papieża Jana Pawła II i postanowiła się mu powierzyć, modląc się z całego serca i prosząc o pomoc dla męża.

„Moja żona – opowiada Nicola Grippo – modliła się do niego, kiedy byłem w Mediolanie w Krajowym Ośrodku Leczenia Nowotworów. Potem którejś nocy Papież ukazał jej się we śnie. Prowadził za rękę chłopczyka ubranego na biało, tak jak on. Szli po drodze z białych otoczaków". Pani Elżbieta potwierdza: „Byłam tam z moimi córkami, które umarły dawno temu, i szłam za nim, ale on szedł szybko i nie udało nam się go dogonić. Powiedziałam więc do moich dziewczyn: «Najważniejsze, że go widziałyśmy». Potem obudziłam się".

Na pozór był to tylko sen, w rzeczywistości znak. Lekarze byli o tym przekonani. „Lekarze, którzy mnie prowadzili, miesiąc wcześniej spytali mnie, czy jestem wierzący i czy modliłem się, czy prosiłem o łaskę jakiegoś świętego. Wtedy moja żona opowiedziała im swój sen. Wówczas lekarze wyjaśnili mi, że moje płuca są czyste, bez śladu choroby i że to nie jest ich zasługa. Potem któregoś dnia wróciłem do szpitala do San Leonardo, gdzie czekało na mnie dziesięciu profesorów, którzy chcieli się dowiedzieć, co się stało. Wiem, że mój przypadek wylądował w jakimś naukowym czasopiśmie" – opowiada wzruszony Nicola. „To nie my – wyznają po kilkakrotnym obejrzeniu zdjęć rentgenowskich lekarze, którzy prowadzili Nicolę. – Powinien pan dziękować swojej wierze i papieżowi Janowi Pawłowi II!".

Mężczyzna był zdumiony i trochę przeszkadzał mu rozgłos wokół jego przypadku. „Zdumiewa mnie cała ta historia z cudem. Wezwano mnie do bp. Pierro, do katedry, a on kazał mi podpisać papiery, w których upoważniam Watykan do wglądu w moją dokumentację medyczną. Jestem oszołomiony tym zainteresowaniem. Wolałbym, żeby to była tajemnica, bo teraz nie mam spokoju, mimo zapewnień lekarzy. Cały czas mnie badają. Miałem już dość rozczarowań w moim życiu... I chcę powiedzieć, że dziękuję również lekarzom. Bardzo dzielnie się spisali, dokonali prawdziwego cudu".

Jednak Nicola Grippo jest pewien, że poza wstawiennictwem Jana Pawła II pomogły mu z nieba także jego zmarłe córki: „Uważam, że one też mi pomogły. Moja żona modliła się, żeby nam pomogły, bo zostaliśmy sami. Kiedy człowiek jest zrozpaczony, jego wiara staje się mocniejsza. Kto nie chce wyzdrowieć? Ja bym chciał, żeby ten cud wydarzył się moim dziewczynkom, których już nie ma. Dla tej, która miała białaczkę, nie było nawet czasu prosić o pomoc. Chciałem jechać do Fatimy, do Matki Bożej, ale choroba była szybsza. Tym razem jednak wzywałem wszystkich. Kto wie, może tym razem ktoś z nieba naprawdę wysłuchał naszych modlitw".

Sam bp Pierro zapewnia, że jest to coś poważnego i gwarantuje wiarygodność historii: „Istnieją przesłanki medyczne, potwierdzone diagnostycznie, inaczej nie ogłaszałbym tego publicznie. Nie mam wiedzy naukowej, ale na ile zdołałem się dowiedzieć, ten powrót do zdrowia z punktu widzenia czysto medycznego wydaje się faktem niewytłumaczalnym".

Siostra Marie Simon-Pierre uleczona z choroby Parkinsona

Tę długą serię doniesień kończymy historią najgłośniejszą, która być może zdecyduje o wyniesieniu Jana Pawła II na ołtarze. Opowiada ją uśmiechnięta francuska zakonnica, która powtarza: „Czy to jest cud, tego nie wiem, o tym będzie musiał zadecydować Kościół. Ja wiem tylko, że wcześniej miałam chorobę Parkinsona, modliłam się do Jana Pawła II i moja choroba zniknęła". Ma promienny uśmiech i bystre, nadal pełne zdumienia oczy spoglądające zza owalnych okularów.

Kiedy s. Marie Simon-Pierre, dziś pięćdziesięcioletnia zakonnica ze zgromadzenia Małych Sióstr Macierzyństwa Katolickiego, mówi, uśmiecha się. W czerwcu 2005 roku została w nagły i niespodziewany sposób uleczona z choroby Parkinsona, tej samej, która dotknęła Jana Pawła II, wyniszczając powoli jego silny organizm. Do polskiego papieża, wówczas dopiero co zmarłego, s. Marie modliła się o uzdrowienie. Dziś zakonnica czuje się dobrze, od czterech lat nie bierze żadnych leków, nie ma już sztywności mięśniowej, przestały jej drżeć ręce, jej życie zmieniło się. Mogła powrócić do pracy w szpitalu na oddziale położniczym. Bardzo chciała uczestniczyć w ważnym wydarzeniu, jakim było zakończenie diecezjalnego etapu procesu beatyfikacyjnego Jana Pawła II w bazylice św. Jana na Lateranie w Rzymie 2 kwietnia 2007 roku. Wówczas po raz pierwszy opowiedziała publicznie o tym, co jej się wydarzyło.

Siostra Marie Simon-Pierre do dziś wzrusza się, wspominając chorobę i uzdrowienie. „Chorobę Parkinsona – opowiada – zdiagnozowano u mnie w czerwcu 2001 roku. Zaatakowała lewą stronę ciała, co było dla mnie bardzo trudne, ponieważ jestem leworęczna. Po trzech latach początkowej, wolno postępującej fazy choroby, nastąpiło nasilenie się objawów: drżenia, sztywności, bólów, bezsenności...".

Od chwili, gdy zdiagnozowano u zakonnicy chorobę Parkinsona, z trudem oglądała ona w telewizji transmisje z uroczystości, którym przewodniczył Jan Paweł II. „Czułam się jednak blisko niego w modlitwie i wiedziałam, że mógł zrozumieć, co przeżywam. Podziwiałam jego siłę i odwagę, które dodawały mi odwagi, żebym się nie poddawała i kochała moje cierpienie. Jedynie miłość mogła nadać temu wszystkiemu sens. Była to codzienna walka, ale moim jedynym pragnieniem było przeżywać ją w wierze i z miłością pełnić wolę Ojca".

Nadchodziła Wielkanoc 2005 roku, ostatnia Wielkanoc Jana Pawła II. Papież przebywał już dwukrotnie w poliklinice Gemelli, oddychał przez rurkę w tchawicy, przeżywał swoje ostatnie dni. „Pragnęłam zobaczyć naszego Ojca Świętego w telewizji, bo czułam, że to ostatni raz, kiedy go widzimy. Cały ranek przygotowywałam się do tego «spotkania» (on pokazywał mi, czym ja miałam się stać za kilka lat). Było to dla mnie trudne, ponieważ byłam młoda... Jednak z powodu nagłej awarii nie mogłam obejrzeć transmisji.

Wieczorem 2 kwietnia 2005 roku cała wspólnota zebrała się, żeby oglądać na kanale telewizyjnym diecezji paryskiej transmisję na żywo z czuwania na placu św. Piotra... Kiedy ogłoszono, że Jan Paweł II umarł, cały świat mi się zawalił. Straciłam przyjaciela, który mnie rozumiał i dodawał mi sił, aby iść naprzód".

I właśnie od dnia śmierci Papieża objawy choroby Parkinsona u s. Marie gwałtownie nasiliły się. „Od 2 kwietnia 2005 roku zaczęło mi się pogarszać z tygodnia na tydzień, choroba postępowała z dnia na dzień. Nie byłam już w stanie pisać, a kiedy próbowałam, to, co napisałam, było praktycznie nieczytelne. Nie byłam już w stanie prowadzić samochodu dalej niż na krótkie trasy, bo moja lewa noga czasami sztywniała, nawet na długo, i to bardzo utrudniało mi prowadzenie. W szpitalu potrzebowałam coraz więcej czasu na wykonywanie swoich obowiązków. Byłam zupełnie wyczerpana". To był moment wielkiego zniechęcenia. „W tych dniach miałam uczucie wielkiej pustki, ale także pewność jego (Jana Pawła II – przyp. red.) żywej obecności. 13 maja, we wspomnienie naszej Pani Fatimskiej, Ojciec Święty Benedykt XVI udzielił specjalnej dyspensy, aby można było rozpocząć proces beatyfikacyjny Jana Pawła II. Poczynając od następnego dnia, moje współsiostry ze wszystkich wspólnot we Francji i w Afryce zaczęły się modlić przez jego wstawiennictwo o moje uzdrowienie. Modliły się nieustannie, niestrudzenie...".

Kilka tygodni później, po krótkim urlopie, s. Marie wróciła do swojej wspólnoty, na oddział położniczy Étoile de Puyricard w małym miasteczku w pobliżu Aix de Provence. „Byłam wykończona chorobą. Przyszedł 1 czerwca i już nie mogłam! Musiałam walczyć, żeby utrzymać się na nogach i chodzić. 2 czerwca po południu poszłam do mojej przełożonej, żeby zwolniła mnie z pracy. Ona poprosiła mnie, żebym wytrwała jeszcze trochę, do powrotu z Lourdes w sierpniu i dodała: «Jan Paweł II nie powiedział jeszcze ostatniego słowa». Niedługo wcześniej zmarły Papież był z pewnością obecny w czasie tego spotkania, które odbyło się w spokojnej i pogodnej atmosferze". Przełożona, jakby wiedziona natchnieniem, wzięła z biurka wieczne pióro, wręczyła je s. Marie i poprosiła, by ta napisała na kartce „Jan Paweł II". „Była piąta po południu. Z trudem udało mi się napisać imię Papieża. Patrząc na nieczytelne pismo, długo milczałyśmy... Dzień toczył się dalej, jak zwykle. Po modlitwie wieczornej o dziewiątej wyszłam z mego biura, aby iść do pokoju. Nagle poczułam przemożną chęć wzięcia w rękę pióra i napisania czegoś, tak jakby ktoś mi mówił: «Weź pióro i pisz»... Było wpół do dziesiątej".

W tym momencie wydarzył się cud. Siostra Marie Simon-Pierre zaczęła pisać normalnie, jak przed chorobą. „Pismo było zupełnie wyraźne i czytelne. Zadziwiające! Położyłam się do łóżka zdumiona. Minęły dokładnie dwa miesiące od powrotu Jana Pawła II do domu Ojca... Obudziłam się o 4.30, zdziwiona, że przespałam tyle godzin bez przerwy, co nie zdarzało mi się już od długiego czasu. Wstałam z łóżka. Moje ciało nie było już obolałe jak zwykle, nie czułam żadnej sztywności i wewnętrznie nie czułam się tak jak przedtem. Potem odczułam wewnętrzne wezwanie i silny impuls, aby iść i pomodlić się przed Najświętszym Sakramentem. Zeszłam do kaplicy i pogrążyłam się w adoracji. Czułam głęboki pokój i było mi bardzo dobrze: przeżycie zbyt wielkie, tajemnica, trudno to ująć w słowa".

Głos francuskiej zakonnicy załamuje się ze wzruszenia. Zbyt wielkie i trudne do wyrażenia jest to, co ją spotkało. „Przed Najświętszym Sakramentem – mówi dalej – rozważałam tajemnice światła Jana Pawła II. O szóstej rano wyszłam z kaplicy Adoracji i poszłam do sióstr, do dużej kaplicy, na modlitwę i Eucharystię. Musiałam przejść jakieś pięćdziesiąt metrów i wtedy zorientowałam się, że moja lewa ręka porusza się w czasie marszu, a nie zwisa sztywno wzdłuż ciała. Odczuwałam także lekkość i fizyczną zręczność, jakiej od dawna już nie czułam. W czasie mszy świętej wypełnił mnie pokój i radość. Był 3 czerwca, święto Najświętszego Serca Pana Jezusa. Wychodząc z kaplicy, byłam pewna, że zostałam uzdrowiona... Moja ręka przestała drżeć. Poszłam znów coś napisać i w południe przestałam brać leki".

Kilka dni później odbyły się badania lekarskie. „7 czerwca, jak to było ustalone, poszłam do neurologa, u którego leczyłam się przez cztery lata. On również był zdumiony, kiedy stwierdził cofnięcie się wszystkich objawów choroby mimo odstawienia wszelkich leków na pięć dni przed wizytą. Następnego dnia nasza przełożona wezwała wszystkie nasze wspólnoty do modlitwy dziękczynnej. Całe zgromadzenie rozpoczęło nowennę dziękczynną do Jana Pawła II za to, co się stało".

Od tamtego czasu objawy choroby nie powróciły, a postulator sprawy beatyfikacyjnej papieża Jana Pawła II wybrał ten przypadek, aby przedstawić go Kongregacji ds. Świętych: nigdy wcześniej nie zdarzyło się, aby wzięto pod uwagę cud uzdrowienia z choroby Parkinsona. „Przerwałam całe leczenie. Zaczęłam normalnie pracować, nie mam żadnych trudności w pisaniu, prowadzę samochód nawet na długich trasach. Mam wrażenie, jakbym się na nowo narodziła. To zupełnie nowe życie, bo nic nie jest tak jak wcześniej. Mogę dziś powiedzieć, że przyjaciel, który odszedł z tej ziemi, jest teraz bardzo blisko mojego serca. Sprawił, że dojrzało we mnie pragnienie adoracji Najświętszego Sakramentu i miłość do Eucharystii, która zyskała pierwsze miejsce w moim życiu codziennym. To, co Pan pozwolił mi przeżyć za wstawiennictwem Jana Pawła II – kończy, uśmiechając się s. Marie – to wielka tajemnica, trudna do ubrania w słowa... Dla Boga bowiem nie ma nic niemożliwego".

Arturo Mari – dyskretny świadek łask

Niestrudzonym i dyskretnym świadkiem wielu łask, jakich niebo udzieliło dzięki modlitwom Jana Pawła II, był z pewnością Arturo Mari, fotograf „L'Osservatore Romano", który z wielkim talentem i bardzo skrupulatnie zatrzymał w kadrze wiele momentów z życia Papieża. On sam, w opublikowanej po śmierci Papieża książce pod tytułem *Do zobaczenia w raju* opisał kilka ciekawych epizodów. „W wielu przypadkach mówiło się o ozdrowieniu za sprawą Ojca Świętego. Pamiętam na przykład pewną Angielkę chorą na raka, która przed śmiercią chciała się spotkać z Papieżem...

Ta kobieta miała przed sobą niewiele godzin życia. Przetransportowano ją wojskowym samolotem brytyjskim na lotnisko Ciampino, następnie karetką na audiencję. Papież został uprzedzony o jej obecności, więc kiedy tylko wszedł do auli i przywitał się z gośćmi, podszedł do niej. Pamiętam, że po angielsku powiedział do niej to, co zazwyczaj, czyli: «Pomódlmy się razem». Pamiętam, że modlili się, potem pogłaskał ją i pobłogosławił. Kobieta była umierająca, myślałem, że nie przeżyje nawet podróży powrotnej, a jednak wróciła do domu, nazajutrz wstała z łóżka, zaczęła jeść i chodzić jak gdyby nigdy nic. A później stworzyła w Londynie ośrodek walki z rakiem...".

Podobna łaska dotknęła także bezpośrednio rodzinę fotografa. „Moja żona Corina pochodzi z Ekwadoru. Ma siostrę, która tam mieszka, lecz przez długi czas mieszkała w Rzymie, ponieważ jej mąż był tutaj attaché wojskowym ambasady. Jest to rodzina bardzo wierząca, wszyscy razem chodzili regularnie na audiencje u Ojca Świętego... Kiedy skończyła się misja dyplomatyczna męża, wrócili do Ekwadoru i trzy miesiące później dowiedzieliśmy się, że siostra Coriny Mecita zachorowała, że jest chora na raka. Spytaliśmy, czy możemy być jakoś pomocni, poprosiłem o wyniki analiz, by pokazać je znajomym specjalistom. Kiedy dostałem te wyniki i pokazałem je profesorom, powiedzieli: «Niestety, my w tej sytuacji jesteśmy bezsilni». Przerzuty były rozsiane po całym organizmie, a szczegółem, który najbardziej zwrócił moją uwagę, był kolor szpiku określony jako «palona kawa, prawie czarny». Lekarz, któremu ufam, wyznał, że na podstawie swego doświadczenia i wykształcenia może jej dać najwyżej od 15 do 30 dni życia.

Zasugerowałem mojej żonie, żeby kupiła bilet i poleciała do siostry, by jej towarzyszyć w ostatnich dniach. By pomóc Mecicie, jej mężowi i synom. Corina postanowiła lecieć natychmiast, lecz przed odlotem spytała, czy byłoby możliwe zawieźć Mecicie jakiś przedmiot, który należał do Papieża. Przekazałem jej prośbę księdzu Mietkowi i niebawem otrzymałem chusteczkę Ojca Świętego oraz różaniec, który zawsze trzymał w kieszeni. Powiedziałem żonie: «Weź, to jest prezent od Papieża. Połóż chusteczkę na piersi Mecity i poproś, żeby odmawiała różaniec». Poleciała, zrobiła to, o co prosiłem, i po jakimś czasie nowe analizy wykazały, że choroba cofnęła się, a szpik znów przybrał normalną barwę. A niezależnie od wyników nowych analiz siostra Coriny odzyskała siły i znowu zaczęła chodzić. W tej chwili minęło już dziewięć miesięcy...

Oto fakty, o których mogę zaświadczyć. Nic więcej nie mogę dodać. Nie mogę powiedzieć, że jest to cud, ponieważ to nie do mnie należy. Ja mogę jedynie opowiedzieć o tym, co się wydarzyło, i wierzyć, że Jan Paweł II był świętym, który chodził po ziemi...".

Do zobaczenia w raju

Zakończmy ten rozdział na temat łask i domniemanych cudów, opisując wydarzenie, które być może lepiej i pełniej niż poprzednie epizody przedstawia tajemnicę Jana Pawła II. Nadal przy głosie pozostaje fotograf Arturo Mari.

Rzecz działa się w Nowy Rok: „Pamiętam, że wróciłem po pracy do domu o 15.30. Kiedy tylko usiadłem przy stole i zabrałem się do jedzenia, zadzwonił telefon. Żona powiedziała: «Proszę, nie odbieraj, przecież jest święto». Odbieram jednak i słyszę, że szuka mnie pilnie sekretarz Papieża. Przekazano słuchawkę arcybiskupowi Dziwiszowi. Prosi, żebym przyszedł. Zakładam marynarkę, wybiegam, wchodzę do apartamentu, potem do kaplicy. I tam widzę sytuację niezwykłą – Ojciec Święty klęczy przy wózku inwalidzkim, na którym siedzi młody, mniej więcej 28-letni mężczyzna... Chłopak był bardzo chory, wyglądał jak szkielet. Mógł ważyć około trzydzieści kilogramów, sama skóra i kości. Tylko jego oczy były ogromne. Kiedy spytałem, co się dzieje, powiedziano mi, że młody człowiek pochodzi z niewielkiej miejscowości niedaleko Brescii, z bardzo ubogiej rodziny, i że jego sąsiedzi złożyli się na bilet lotniczy, ponieważ jego marzeniem było spotkać przed śmiercią Papieża. Kiedy dotarli do Bazyliki Świętego Piotra, rodzina chłopca doprowadziła wózek do Spiżowej Bramy i poprosiła o spotkanie z Ojcem Świętym. Gwardia szwajcarska powiedziała, że to bardzo trudne, ponieważ nie złożyli wcześniej żadnego wniosku, żadnego podania, że są przeszkody związane z problemami bezpieczeństwa, protokołem i tak dalej. Tak czy inaczej, po pewnym czasie Szwajcarzy zrozumieli, że jest to sytuacja wyjątkowa. Zadzwonili do arcybiskupa Stanisława i powiedzieli mu, co się dzieje. I Dziwisz natychmiast polecił, żeby wnieść chłopca na górę. Wniesiono go, było z nim pięć osób. Ojciec Święty przyjął ich w kaplicy i w chwili, kiedy tam wszedłem, właśnie się modlili.

Była to – kontynuuje Mari – niezwykle wzruszająca scena. Ojciec Święty klęczał tak, modląc się i trzymając chłopca za rękę, jeszcze około 20 minut. Następnie wstał, objął go, pobłogosławił, potem rozpiął swoją białą szatę, zdjął łańcuszek i nałożył na szyję chłopca, po czym znów go pogłaskał i pocałował. W chwili, gdy miał się oddalić, chłopak chwycił Go za rękę i powiedział: «Ojcze Święty, dziękuję. Był to najpiękniejszy dzień mojego życia. Mogę powiedzieć jedynie 'dziękuję'. Do zobaczenia w raju». Nie był zrozpaczony, uśmiechał się, jak gdyby szedł na inne spotkanie, jeszcze piękniejsze. Zanim chłopiec z rodziną odeszli, zakonnice przygotowały dla nich woreczek z pożywieniem. I poszli sobie. Dwa dni później chłopiec umarł.

Możesz spytać: «Cóż w tym jest cudownego, skoro chłopiec nie wyzdrowiał?». A jednak to był dla mnie cud – cud jedności i miłosierdzia. W tym momencie chłopiec poczuł się wolny, miał odwagę stanąć przed obliczem śmierci w sposób najbardziej godny z możliwych. I tej odwagi musiał mieć wiele, ponieważ po 28 latach życia chyba nie jest łatwo zaakceptować jego kres. Ta sytuacja pokazuje najlepiej, że Papież był bezustannie gotowy pomagać bliźnim. Również przygotowywać ich na spotkanie z Bogiem. Swoim spokojem, dobrocią. A moment wspólnej modlitwy był charakterystyczny – każdemu, kto prosił Go o pomoc lub chwilę uwagi, natychmiast proponował: «Pomódlmy się razem»".

5.
Ostatnie Corpus Domini

Nocne razy i nadprzyrodzone światło

Znałem go z widzenia. Raz uścisnąłem mu dłoń, kiedy ubrany „po cywilnemu", siedząc w głębi Chiesa Nuova, uczestniczył w koncercie kolęd. W ostatnich latach pontyfikatu Jana Pawła II posługiwał jako ceremoniarz papieski. Chociaż jego twarz częściej niż inne twarze pojawiała się obok Ojca Świętego podczas celebracji liturgicznych, nie zabiega o popularność i nie przepada za udzielaniem wywiadów.

Skontaktowałem się z ks. Konradem Krajewskim telefonicznie pewnego ciepłego, czerwcowego poranka. Opowiedziałem mu o moim projekcie, zamiarze napisania czegoś o Janie Pawle II i jego sposobie przeżywania modlitwy. „Przykro mi, ale postanowiłem nie udzielać wywiadów..." – odpowiedział niezwykle uprzejmie. Nie wyczułem w jego słowach typowej dla wielu ludzi z kurii nieufności wobec dziennikarzy. Tak jakby ks. Konrad chciał ustrzec to, co przeżył u boku Ojca Świętego, nie chwaląc się, nie rozpowiadając o tym. Ale ja nie ustępowałem, nalegałem. W końcu ks. Krajewski poddał się, chociaż ostrzegł mnie, że zamierza ograniczyć swoje opowiadanie do tego, co zdarzyło się podczas ostatniej celebracji Bożego Ciała, której przewodniczył Jan Paweł II w czerwcu 2004 roku. Opowiadanie to częściowo zamieścił już na łamach „L'Osservatore Romano" z okazji rocznicy śmierci Papieża, swego rodaka.

„Osobiście poznałem Jana Pawła II w 1998 roku, gdy zacząłem pracować w Papieskim Biurze Celebracji Liturgicznych – wyjaśnia ks. Konrad. – Kiedy przychodziła moja kolej, by asystować mu podczas celebracji razem z mistrzem abp. Piero Marinim, za każdym razem uderzało mnie to, co działo się w zakrystii przed i po celebracji. Kiedy Papież przychodził do zakrystii i zostawaliśmy tylko my dwaj, klękał albo, w ostatnich latach pontyfikatu, pozostawał na krześle i modlił się w ciszy. Ta modlitwa trwała dziesięć, piętnaście, nawet dwadzieścia minut, a w czasie podróży apostolskich jeszcze dłużej. Wydawało się, że Papieża nie ma wśród nas. Kiedy modlitwa zdawała się przeciągać, wkraczał bp Stanisław Dziwisz, usiłując zasugerować Papieżowi, by się przygotowywał. Papież często nie odpowiadał na te ponaglenia. W pewnym momencie podnosił prawą rękę i my zbliżaliśmy się, by zacząć go ubierać w absolutnej ciszy".

To kolejne świadectwo porusza kwestię głębokiego i absolutnego zanurzenia papieża Jana Pawła II w Bogu, intensywności jego modlitwy, której poświęcał tyle czasu, ile tego wymagała.

Modlitwa i świętość

„Jestem przekonany – kontynuuje ks. Krajewski – że Jan Paweł II, zanim zwracał się do ludzi, rozmawiał z Bogiem. Nim stanął przed ludźmi, by Go reprezentować, prosił Boga, aby mógł być Jego żywym obrazem. To samo działo się po celebracji: ledwie zdjął święte szaty, klękał w zakrystii i modlił się. Miałem zawsze to samo wrażenie, że nie ma go wśród nas. Od czasu do czasu, podczas podróży, wchodził jego sekretarz i, dotykając go delikatnie, zachęcał, by wyszedł z zakrystii, bo ludzie czekają, aby go pozdrowić (prezydenci, burmistrzowie, władze...), ale Papież prawie nigdy nie reagował: pozostawał pogrążony w głębokiej modlitwie i znów, w pewnym momencie, podnosił się sam albo dawał nam znak, byśmy mu pomogli.

Te momenty modlitwy przed liturgią i po niej – mówi ceremoniarz – zawsze głęboko mnie poruszały. Kiedy mu asystowałem, zakładałem mitrę, podawałem chusteczkę, byłem pewien, że dotykam człowieka nie tylko niezwykłego, ale prawdziwie świętego. W ostatnich latach pontyfikatu byłem stałym ceremoniarzem Papieża. Uczestniczyłem we wszystkich celebracjach, stojąc tuż koło niego. Widziałem jego cierpienie i trudność, z jaką się poruszał. Raz, kiedy czuł się bardzo źle podczas celebracji na dziedzińcu Bazyliki św. Piotra, pochylając się, pozwoliłem sobie zapytać: «Wasza Świątobliwość, w jaki sposób mogę pomóc? Może coś boli?». On odpowiedział: «Teraz już wszystko boli, ale tak musi być...». Byłem pewny, całkowicie przekonany, że asystowałem świętemu i dotykałem świętego".

Ten epizod jest kolejnym potwierdzeniem wielkiej wartości, jaką Jan Paweł II przypisywał cierpieniu. To łączyło go z jego „przyjacielem", Ojcem Pio z Pietrelciny. Obaj cierpieli za Kościół i za dusze grzeszników. Obaj otrzymali w darze zdolność patrzenia znacznie dalej niż my.

„Czułem się tak niegodny – dodaje ks. Konrad – by przebywać obok tego człowieka i posługiwać mu, że w ostatnich latach jego pontyfikatu przed każdą liturgią spowiadałem się, mimo że mieliśmy dwie albo trzy celebracje tygodniowo. Irytowałem tym trochę spowiedników z Bazyliki św. Piotra, ale czułem głęboką potrzebę bycia całkiem «czystym», kiedy zbliżałem się do Papieża. Po wielu latach posługi i dwunastu podróżach zagranicznych doszedłem do takiego wniosku: miliony ludzi uczestniczących w liturgiach, którym przewodniczył Ojciec Święty, przybywało, by spotkać Chrystusa, którego reprezentował Jan Paweł II i który był obecny właśnie w nim, w głoszonym przez niego słowie, w jego gestach i w jego mistyczno-liturgicznym zachowaniu.

To dlatego ludzie płakali. Mówili: «Mówił tylko do mnie, patrzył na mnie, zmienił moje życie…». Jak to możliwe, skoro podczas liturgii byli oddaleni od Papieża o setki metrów lub wręcz kilka kilometrów (jak to bywało w czasie wizyt apostolskich)? Jak mogli mówić: «widział mnie», «mówił prosto do mnie»? Ja także, osobiście, muszę zaświadczyć, że moje życie kapłańskie zmieniło się całkowicie, odkąd zacząłem pracować u boku Jana Pawła II".

Boże Ciało: ostatnia celebracja

Ksiądz Konrad zaczyna opowiadać o ostatniej celebracji Bożego Ciała, której przewodniczył Jan Paweł II, gdy jego organizm był już wyniszczony chorobą. „Chciałbym podkreślić jeszcze kilka bardzo istotnych momentów, które uderzyły mnie w czasie tej ostatniej uroczystości Bożego Ciała. Papież już wówczas nie chodził. Mistrz ceremonii i ja wnieśliśmy go w fotelu na platformę samochodu przygotowanego specjalnie na procesję Przed Papieżem, na klęczniku, umieszczono monstrancję z Najświętszym Sakramentem. Podczas procesji Ojciec Święty zwrócił się do mnie po polsku, prosząc, by mógł uklęknąć. Prośba ta wprawiła mnie w zakłopotanie, bo Papież fizycznie nie był do tego zdolny. Bardzo delikatnie zasugerowałem, że nie jest możliwe, by uklęknął, ponieważ samochód trzęsie się w czasie jazdy i byłoby to bardzo niebezpieczne. Odpowiedział swoim słynnym, delikatnym «mruknięciem»...".

Ksiądz Krajewski określa to jako „delikatne mruknięcie", ale wiadomo, że chodziło o dźwięk gardłowy, niedwuznaczny, który wyrażał pewien sprzeciw. Ojciec Święty zdawał sobie sprawę, w jakiej kondycji było jego ciało, już unieruchomione. Ale dla niego ważniejsza niż cokolwiek innego była ta Obecność, Eucharystia, którą miał przed sobą.

„Po pewnym czasie – opowiada dalej ks. Konrad – na wysokości Uniwersytetu Papieskiego «Antonianum» Jan Paweł II powtórzył: «Chcę uklęknąć!», a ja, jako że nie było mi łatwo znowu odmówić, wymijająco zasugerowałem, że byłoby roztropniej spróbować zrobić to w pobliżu kościoła Santa Maria Maggiore; i znów usłyszałem «mruknięcie». Jednak za parę chwil, gdy dotarliśmy do kurii ojców redemptorystów, Papież zawołał stanowczo, niemal krzyknął po polsku: «Tu jest Pan Jezus! Proszę...»".

Kilka słów, prawie jak wołanie o pomoc. Chciał upaść na kolana, adorować obecność Chrystusa w konsekrowanym chlebie. Nie chciał wobec tej Obecności siedzieć.

Tym razem wzruszająca prośba odniosła oczekiwany skutek. „Nie można było dłużej się przeciwstawiać. Mistrz ceremonii był świadkiem tych chwil. Nasze spojrzenia spotkały się i, nie mówiąc ani słowa, zaczęliśmy mu pomagać. Robiliśmy to z wielkim trudem, niemal rzuciliśmy go na klęcznik. Papież chwycił się oparcia klęcznika i usiłował utrzymać się na nim, jednak kolana odmówiły mu posłuszeństwa i musieliśmy natychmiast posadzić go znów na fotelu, z wielkim trudem, bo dodatkowo przeszkadzały nam szaty liturgiczne".

Ukląkł tylko na chwilę. Kolana od razu osłabły, ciało Papieża zachwiało się w prawo i w lewo. Ceremoniarze musieli posadzić go z powrotem na fotelu.

„Byliśmy świadkami – opowiada dalej polski ksiądz – wielkiej demonstracji wiary: choć ciało nie było już posłuszne wewnętrznym wezwaniom, wola pozostała niezachwiana i silna. Ojciec Święty okazał, pomimo swego ogromnego cierpienia, wewnętrzną siłę wiary, której wyrazem miało być ugięcie kolan. Nie dbał o nasze namowy do zrezygnowania z tego gestu. Papież zawsze uważał, że potrzeba wielkiej pokory wobec Chrystusa obecnego w Najświętszym Sakramencie i że należy tę pokorę wyrazić namacalnie".

U boku Papieża stałem się lepszy

Wywiad dobiegł końca. Jednak ks. Konrad nie chciał mnie wypuścić, zanim nie powie mi, jakie znaczenie miało dla niego i dla jego kapłańskiego życia przebywanie u boku papieża Jana Pawła II w czasie długich celebracji w ostatnich latach życia Ojca Świętego.

„Chcę podkreślić, że dzięki mojej prostej posłudze biskupowi Rzymu, ja także stałem się lepszy jako człowiek i jako kapłan. On nas nauczył, że «prawdziwy przyjaciel to ten, dzięki któremu staję się lepszy».

Mogę więc powiedzieć, że zgodnie z tą definicją Jan Paweł II był moim prawdziwym przyjacielem. Poprzez jego świadectwo bardziej zbliżyłem się do tego Boga, którego on reprezentował. Mogłem widzieć, że kiedy żył, poświęcał się i oddawał całkowicie Bogu w czasie celebracji liturgicznych i w takim stanie całkowitego oddania odszedł.

Kiedy umarł – dodaje ks. Konrad – przechadzałem się po watykańskich loggiach, pełniąc moją funkcję ceremoniarza papieskiego, i płakałem. Być może po raz pierwszy w dorosłym życiu nie wstydziłem się łez. Były to jednak łzy z powodu mnie samego: że nie jestem jak on, że nie jestem świętym kapłanem, że nie oddałem się Panu do końca, że nie jestem *Totus Tuus*... Zupełnie nie pamiętam, o czym myślałem, niosąc ewangeliarz przed prostą trumną Jana Pawła II. Chciałem tylko nieść go z godnością, tak jak niesie się najważniejszą księgę życia: księgę życia Jana Pawła II. Razem z mistrzem ceremonii położyliśmy tę księgę na trumnie i czułem, jak bardzo jestem tego gestu niegodny. Czułem się taki maluczki i taki grzeszny... Modliłem się do Pana, bym mógł nieść księgę Ewangelii w moim życiu, tak jak niósł ją Jan Paweł II. I bym nigdy jej nie zamknął.

Odkąd Jan Paweł II powrócił do domu Ojca – kończy ceremoniarz – codziennie spowiadam w kościele Santo Spirito in Sassia o piętnastej, w Godzinie Miłosierdzia, kiedy tylu ludzi odmawia koronkę do Miłosierdzia Bożego i uczestniczy w drodze krzyżowej. Wiele razy zdarzyło mi się radzić różnym osobom, by poszły na grób sługi Bożego Jana Pawła II i pomodliły się. Bo on pokonywał samego siebie. Pokonywał własne ciało, własne cierpienia. Kiedy zbliżał się do okna i już nie mówił, wszyscy wiedzieliśmy, co chciał nam powiedzieć. Kiedy z trudem podnosił rękę, natychmiast robiliśmy znak krzyża, bo on nas zawsze błogosławił. Gdy kończyłem wypowiadać te słowa, wielu odpowiadało mi: „Ale ja przychodzę właśnie z Grot Watykańskich, od grobu Jana Pawła II i dlatego się spowiadam. Nawet nie wiedziałem, że o tej godzinie można się wyspowiadać...".

Pięciu aniołów

Zaufany fotograf papieża Jana Pawła II Arturo Mari, który udokumentował każdy aspekt pontyfikatu, wyznał: „W mojej pamięci pozostanie na zawsze również pięć sióstr zakonnych, o których myślę teraz jak o aniołach, które zstąpiły na ziemię. Ich oddanie było całkowite, nieograniczone. Od piątej rano do północy z bezwzględną pokorą troszczyły się codziennie o apartament, przygotowywały jedzenie dla Ojca Świętego, dla gości. Wykonywały wszystkie niezbędne prace, żeby apartament Papieża był jego prawdziwym domem. I modliły się – co dzień na zmianę adorowały Najświętszy Sakrament".

Bardzo poruszyły mnie te słowa. Jan Paweł II swym ciągłym zanurzeniem w Bogu, w modlitwie „zarażał" wszystkich dokoła. W domu Papieża adorowało się nieustannie Najświętszy Sakrament. Zrozumiałem, że świadectwo jednego z tych „aniołów", jednej z sióstr posługujących Ojcu Świętemu, będzie decydujące. Nie wyobrażałem sobie jeszcze, że dokonam pewnego ważnego odkrycia.

Skontaktowanie się z którąś ze służebnic Najświętszego Serca Pana Jezusa, które pracowały w papieskim apartamencie, nie było łatwe. Były świadkami życia prywatnego Papieża, jego pobożności, jego długich modlitw, tego, w jaki sposób przyjmował próby i cierpienie fizyczne aż do ostatniego dnia, i chciały te wspomnienia zachować w sercu. W końcu jednak osiągnąłem swój cel. Jedna z sióstr obiecała, że opowie o „swoim" Papieżu pod warunkiem, że nie ujawnię jej imienia.

Ma miłą i uśmiechniętą twarz, jest przyzwyczajona do życia w ukryciu, nigdy nie chciała udzielać wywiadów. Na początek opowiada o relacjach Jana Pawła II z najbliższymi: „Jego ojciec był emerytowanym wojskowym, matka umarła, gdy jeszcze był dzieckiem, wtedy gdy przygotowywał się do przyjęcia Pierwszej Komunii Świętej. Ojciec Święty miał starszego brata Edmunda, który był lekarzem. Pracował w szpitalu w Bielsku-Białej. Zmarł 5 czerwca 1932 roku, jeszcze młody, po tym, jak zaraził się szkarlatyną od jednego ze swych pacjentów. Papież miał także starszą siostrę, która miała na imię Olga, ale żyła tylko kilka tygodni. Mówił nam, że bardziej cierpiał po śmierci brata niż po śmierci matki. Pamiętał zawsze o rocznicach tych śmierci i lubił powtarzać, że ogromny wpływ na niego miał ojciec, człowiek wielkiej wiary. To ojciec nauczył go się modlić i przekazał mu kult Ducha Świętego. Karol często widywał ojca modlącego się na kolanach. Rósł, patrząc na ten przykład".

Przed oczyma zakonnicy znów przesuwają się wspomnienia; wspomnienia dni spędzonych w apartamencie papieskim.

„Dla mnie ważny był każdy dzień pontyfikatu Jana Pawła II. To była szczególna łaska, ogromny dar, móc służyć Wikariuszowi Chrystusowemu. Razem z moimi współsiostrami przeżywałyśmy z Papieżem każdy dzień, uczestniczyłyśmy w każdej jego podróży, towarzysząc mu intensywną modlitwą. Dzieliłyśmy z nim każdą radość i każdą troskę... Ojciec Święty przeżywał wszelkie wydarzenia kościelne z wielką wiarą, w ufnym zawierzeniu się Bogu. Przed każdą audiencją czy spotkaniem zawsze modlił się w kaplicy. To samo robił, gdy wracał po spotkaniach: szedł do kaplicy i spędzał tam dłuższy czas, zwłaszcza jeśli audiencja czy spotkanie były trudne. Czasem kładł się na ziemi, na podłodze kaplicy".

Inne wspomnienie siostry dotyczy ostatnich lat choroby. „Chciał zawsze przyjąć wszystkich, którzy o to prosili. A kiedy ktoś pytał go, czy nie jest zmęczony, odpowiadał: «Nie tak bardzo»".

Zakonnica wspomina też o strasznym zamachu z 13 maja 1981 roku. „Ten zamach – mówi – wzmocnił jego zaufanie w opiekę Boga i Madonny. Powtarzał, że Matka Najświętsza interweniowała, by ocalić mu życie. Pan podarował mu życie po raz drugi. Dzień po zamachu mogłam go zobaczyć w poliklinice Gemelli, gdzie leżał. Naprawdę bardzo cierpiał. Zwróciłam się do niego ze słowami: «Najświętsza Panna podtrzyma Waszą Świątobliwość w cierpieniu». Spojrzał na mnie i odpowiedział słabym głosem: «Maryja czuwała nad tym wszystkim. *Totus Tuus...*»".

Po tym strasznym ciosie, który o mało nie położył przedwcześnie kresu dopiero co rozpoczętemu pontyfikatowi, Jan Paweł II podniósł się bez problemów. Potem, na początku lat dziewięćdziesiątych, pojawiły się nowe kłopoty ze zdrowiem – najpierw operacja jelita grubego z usunięciem pęcherzyka żółciowego, potem pierwsze upadki na skutek rozpoczynających się zaburzeń równowagi będących konsekwencją choroby Parkinsona, wreszcie, na początku 2005 roku, trudności z oddychaniem, które po dwóch dramatycznych pobytach w poliklinice Gemelli miały go doprowadzić do śmierci.

„Papież przyjmował rosnącą bezsilność fizyczną, poddając się całkowicie woli Bożej. Z trudem poruszał się, potem z trudem również oddychał. W końcu, w ostatnich dniach, nie mógł już nawet mówić, ale wyrażał swoją wdzięczność za to, co robiliśmy, błogosławiąc nas ręką. Był posłuszny, podporządkowywał się zaleceniom lekarzy. W ostatnich dniach w szpitalu powtarzał często, że św. Piotr został ukrzyżowany głową w dół". Myślał o cierpieniu pierwszego z Apostołów, którego był następcą. Następca też powinien cierpieć.

„W czasie choroby wciąż modlił się. Był nieustannie zjednoczony z Panem poprzez modlitwę i ofiarowanie swojego cierpienia. Miał wzrok utkwiony w wizerunku Madonny Częstochowskiej. Modlił się także w nocy, w szpitalu i to bardzo poruszało opiekujących się nim lekarzy i pielęgniarki. Mimo że bardzo cierpiał, nie narzekał. Wielki ból sprawiał mu fakt, że nie mógł mówić, że musiał odprawiać mszę na siedząco, że nie mógł uklęknąć przed Najświętszym Sakramentem, nie mógł odmawiać brewiarza".

Świadectwo siostry staje się jeszcze bardziej osobiste i pełne cierpienia. Opisuje ostatnie dni życia Jana Pawła II, podczas których, jak opowiada, „odnowiło się w pewien sposób misterium Chrystusa, który «umiłowawszy swoich, do końca ich umiłował»".

„W czwartek 30 marca o 11.00 rano Ojciec Święty celebrował mszę w prywatnej kaplicy z pomocą dwóch sekretarzy. Czuł się źle już w trakcie liturgii, ale odprawił ją do końca, z wielkim trudem, nim po raz ostatni opuścił kaplicę. Natychmiast położono go do łóżka i wezwano na pomoc lekarzy. Zaczął tracić siły, ale nie chciał opuścić żadnej z odmawianych zazwyczaj modlitw. Tego popołudnia powtarzał wciąż «Godzinę Świętą», którą odmawiał w każdy czwartek. Przeczytaliśmy w jego obecności tekst. Zacytuję go panu: «Ojcze mój, jeśli to możliwe, niech mnie ominie ten kielich». Ten kielich był już pełen. «Chrystus, który uczestniczył w misterium Bożej wolności, wie, że niekoniecznie musi to nastąpić, a jednocześnie On, który w pełni uczestniczy w Bożej miłości, wie, że nie może się stać inaczej». Pamiętam go zawsze w komunii z Jezusem, w nieustannym dialogu z Nim dla zbawienia całego świata. Modlił się o miłosierdzie dla świata. Kontemplował zawsze i wsłuchiwał się w tę miłość, która jest samym Bogiem. Podczas tamtej «Godziny Świętej» Jan Paweł II po raz kolejny przeżył osamotnienie Jezusa w Getsemani i wciąż poszukiwał tej utraconej godziny, by zadośćuczynić opuszczeniu i samotności Mistrza. «Nie mogliście jednej godziny czuwać ze Mną». Ojciec Święty podczas «Godziny Świętej» był świadomy. Pamiętam, że gdy odmawialiśmy Litanię do Chrystusa Kapłana i Żertwy, przy słowach *Sacerdos et victima*, widząc moje wzruszenie, podniósł rękę w geście pocieszenia. Modliliśmy się i czuwaliśmy całą tę noc u jego wezgłowia.

W piątek o 6.00 rano – kontynuuje polska zakonnica – odprawiono mszę przy jego łóżku. Uczestniczył w niej. Odmówiliśmy także godziny brewiarza i inne modlitwy. Papież nalegał, by odprawić drogę krzyżową i by czytać mu Ewangelię św. Jana. Przychodzili do niego kardynałowie, biskupi, siostry zakonne, najbliżsi współpracownicy z Kurii, aby się pożegnać. Klękali przy łóżku, całowali go w rękę, a on błogosławił ich wzrokiem. Również w sobotę rano odprawiono mszę u jego wezgłowia. Także i tym razem zdołał uczestniczyć w odmawianiu brewiarza i w innych modlitwach. Oddychał z wielkim trudem i dlatego podawano mu tlen. Tego popołudnia przyszedł spowiednik Jana Pawła II o. Antoni Mruk, jezuita. Po spowiedzi Papież uczestniczył w różańcu i w nieszporach, które odmawialiśmy. Około ósmej wieczorem sekretarz, bp Stanisław Dziwisz, postanowił koncelebrować mszę przy łóżku. Była to msza wigilii Niedzieli Miłosierdzia Bożego. Przewodniczył kard. Marian Jaworski, który udzielił Ojcu Świętemu sakramentu namaszczenia chorych. Biskup Dziwisz podał Komunię Świętą na łyżeczce, kilka kropli Najświętszej Krwi. Jan Paweł II oddychał z coraz większym trudem. Po skończonej mszy uklękliśmy przy łóżku, by złożyć dziękczynienie, i pozostaliśmy tak aż do końca, do ostatniej chwili jego ziemskiej egzystencji, podczas gdy jego oddech stawał się coraz rzadszy i wreszcie ustał zupełnie. Głowa była lekko przechylona na prawą stronę, twarz nabrała w tym momencie pogodnego wyrazu".

Siostra nie ma wątpliwości: „Papież Jan Paweł II miał silną wiarę i akceptował wszystko, będąc przekonanym, że to Bóg kieruje jego życiem. Często powtarzał wyznanie Piotra: «Ty jesteś Mesjasz, Syn Boga żywego». W chwilach trudnych modlił się jeszcze więcej i codziennie przyjmował pogodnie wszystko, co mu się wydarzało. Akceptował choroby i operacje ze spokojem i zawierzeniem się woli Bożej. W codziennym życiu – kontynuuje zakonnica – był bardzo wyważony, systematyczny, spokojny i pogodny. Jego osoba promieniowała pogodą ducha i radością. Wymagał od siebie surowej dyscypliny w wypełnianiu codziennych obowiązków. Robił wszystko, co do niego należało, nie odkładając niczego na jutro. Nie wiem, o której wstawał, bo nawet gdy prosił, by go obudzić, kiedy przychodziłyśmy, był już na nogach. Wszystkie jego kontakty, spotkania z ludźmi podyktowane były umiłowaniem Bożej chwały i miłością do Chrystusa, Dobrego Pasterza. Pomimo zmęczenia chciał się spotkać ze wszystkimi. Odwiedzał więzienia i usiłował zanieść tam Chrystusa. Pozdrawiał zawsze słowami: «Niech będzie pochwalony Jezus Chrystus». Pragnął, by Chrystus był zawsze uwielbiony. W kaplicy całował ziemię i modlił się, klęcząc na podłodze".

Jan Paweł II, Papież pielgrzym, Papież podróżnik, „podróżował" także podczas modlitwy.

„Żył zawsze w jedności z Chrystusem. Rozmawiał z Nim bezustannie o zbawieniu całego świata. Prosił o miłosierdzie dla świata. Codziennie w modlitwie odwiedzał wszystkie kontynenty i narody, miasta i wsie. Odwiedzał nuncjatury, siedziby biskupów, seminaria, klasztory, więzienia, szpitale i sierocińce, kongregacje Kurii Rzymskiej i wszystkie rodziny. Bywało, że podczas modlitwy prosił, by przypomnieć mu nazwę jakiegoś kraju albo miasta, za które chciał się pomodlić. Kontemplował ciągle i wsłuchiwał się w Boga. Często, kiedy rozdawał komunię, słyszeliśmy, jak powtarzał sobie intencję modlitwy, na przykład za Azję albo za Kurię Rzymską. Któregoś razu poprosiłam go, żeby pomodlił się za moją mamę w rocznicę jej śmierci. Odpowiedział mi: «Ależ ja się za nią modlę codziennie». I tak samo odpowiadał innym, którzy prosili go o modlitwę. Jego codzienne modlitwy to: Anioł Pański, Akt oddania się Najświętszemu Sercu Pana Jezusa, wszystkie godziny brewiarza, medytacja, modlitwy do Ducha Świętego, adoracja Najświętszego Sakramentu, różaniec, Litania do Imienia Jezus, do Najświętszego Serca, do Matki Bożej, do św. Józefa razem z modlitwą *Do ciebie, święty Józefie*. Potem była Litania narodu polskiego i modlitwa za ojczyznę Piotra Skargi, z następującymi wezwaniami: «Królowo Polski, Dziewico z Jasnej Góry, Dziewico z Kalwarii, Dziewico z Myślenic, Dziewico z Rychwałdu, Dziewico z Ostrej Bramy, Matko wszystkich polskich sanktuariów, módl się za nami. Matko, daj siłę wszystkim, którzy bronią życia, którzy służą życiu pomimo trudności, którzy modlą się, by życie było szanowane, Matko Najwyższej Miłości, Matko Życia i Nadziejo nasza, wstawiaj się za nami». W czwartki odmawiał, jak już mówiłam, «Godzinę Świętą», która rozpoczynała się od Aktu zadośćuczynienia Najświętszemu Sercu Pana Jezusa. W każdy piątek, oprócz codziennych modlitw, była też droga krzyżowa, modlitwa *Uciekamy się do Twego Serca*, Akt poświęcenia rodzaju ludzkiego Najświętszemu Sercu Pana Jezusa, Koronka do Najświętszych Ran Pana Jezusa. Papież śpiewał bardzo często psalm *Miserere*. Podczas rekolekcji każdego dnia odmawiał siedem psalmów pokutnych i czytał Mękę Pańską. Wtedy czytał też testament Pawła VI, którego uważał za swego ojca, a także własny testament. W ostatnim roku przed śmiercią poprosił nas, byśmy mu go przeczytali. W nocy, gdy nie mógł spać, modlił się i kiedy jeszcze był w stanie sam się poruszać, wychodził na balkon, klękał na posadzce, opierał się o murek i pozostawał tam pogrążony w modlitwie. Kiedy przechodził obok krzyża, który znajdował się na balkonie, zawsze go całował. Ojciec Święty, będąc w kaplicy, każdego dnia całował przechowywane tam relikwie. Przed audiencjami udawał się zawsze do kaplicy na dłuższą modlitwę. To samo robił przed posiłkami, gdy miał gości. Do celebracji mszy świętej, której nigdy nie opuścił, zaczynał się przygotowywać już poprzedniego wieczoru, odmawiając po łacinie modlitwy wstępne. W nocy przypominał sobie intencje, w jakich miał sprawować mszę następnego ranka. Słyszałam to, czuwając przy nim w nocy. Kiedy się budził, szedł do kaplicy, by odwiedzić Najświętszy Sakrament. Kiedy już nie był w stanie tego zrobić, prosił jedną z nas, by poszła do kaplicy odwiedzić Jezusa w jego imieniu. Na dziękczynienie po komunii i po mszy składały się między innymi modlitwy: *Oto ja, dobry i najsłodszy Jezu...*, modlitwa św. Tomasza z Akwinu *Dzięki Ci składam, Panie*, modlitwa *Duszo Chrystusa* i modlitwa do Najświętszej Maryi Panny".

    To prosta, ale bardzo dokładna lista, której źródłem są wciąż żywe wspomnienia polskiej zakonnicy. To lista prosta i wzruszająca. Czytając ją po raz kolejny ktoś mógłby zadać sobie pytanie, w jaki sposób udawało się papieżowi Janowi Pawłowi II poświęcać cały ten czas na tyle bliskich jego sercu modlitw, a jednocześnie dokonać tego wszystkiego, czego dokonał. A przecież właśnie w tej prostej litanii modlitw, w ich powtarzaniu dzień po dniu, tydzień po tygodniu, rok po roku, w tym głębokim, autentycznym i całkowitym zanurzeniu się w Bogu tkwi prawdziwy sekret Ojca Świętego – jego niezwykła zdolność do dawania świadectwa o chrześcijaństwie, zdolność do stawania się bliskim całym tłumom czy narodom i pojedynczemu choremu, który do niego podchodził.

„W czasie choroby, kiedy chciało mu się pić, a nie można mu było dać nic do picia, odpowiadał: «Jak bardzo musiał cierpieć Pan Jezus». Odprawiając mszę świętą, był całkowicie zanurzony w Bogu. Była to dla niego najważniejsza godzina dnia. Powiedział nam kiedyś, że nie było dnia, by opuścił mszę świętą. Tak długo, jak to było możliwe, odmawiał brewiarz na kolanach. Tak samo inne modlitwy. Spędzał długie godziny, leżąc krzyżem na ziemi, na podłodze kaplicy albo w swoim pokoju".

Zakonnica wspomina też posty. „Panował nad sobą. Nie bał się rzeczy trudnych. Nigdy nie prosił o jakieś specjalne potrawy. Przestrzegał postów przewidzianych przez Kościół. Nigdy nie nadużywał żadnego pokarmu czy napoju. W Wielkim Poście i Adwencie jadł tylko jeden pełny posiłek dziennie. Przestrzegał postu w czasie Triduum Paschalnego i w wigilię święceń biskupich. Nigdy nie wybierał jedzenia, jadł zawsze to, co mu podano, i zawsze z umiarem...".

W tym momencie siostra przerywa na chwilę. Przygotowuje się do uchylenia rąbka tajemnicy „swojego" Papieża.

„Bardzo często – szepcze – poddawał się umartwieniom cielesnym. Słyszałyśmy to, bo w Castelgandolfo mój pokój znajdował się stosunkowo blisko jego pokoju. Dawał się słyszeć odgłos uderzeń, gdy się biczował. Robił to, kiedy jeszcze był w stanie sam się poruszać".

Tak więc Jan Paweł II, papież, który stracił całą rodzinę zanim został kapłanem, który przeżył zamach w 1981 roku, poddawał się także cielesnym umartwieniom, biczując się. To odkrycie jednoczy Jana Pawła II z innym papieżem, bardzo mu bliskim, Pawłem VI. Rzeczywiście, po śmierci Pawła VI zarówno jego osobisty sekretarz Pasquale Macchi, jak i drugi sekretarz John Magee wyjawili, że papież z Brescii podczas niektórych ceremonii „nosił włosienicę wokół bioder, żeby lepiej pamiętać o krzyżu, który poniósł Chrystus dla odkupienia świata".

Modlitwa i pokuta

To, że Papież umartwiał się, potwierdza też inny uprzywilejowany świadek, afrykański biskup Emery Kabongo, przez kilka lat drugi sekretarz Jana Pawła II. „Umartwiał się – potwierdza mi podczas spaceru po Rzymie – zwłaszcza przed święceniami biskupimi i kapłańskimi. Kiedy miał udzielać innym sakramentów, chciał się przygotować. Nie byłem naocznym świadkiem umartwień cielesnych, ale opowiadano mi, że je sobie zadawał. Kiedy się modlił – kontynuuje dostojnik – nic nie było w stanie go rozproszyć. Pamiętam, że kiedy rozpocząłem posługę w apartamencie papieskim, natychmiast mi wyjaśniono, że kiedy Ojciec Święty modli się, nawet gdyby chodziło o coś ważnego, należało zaczekać z powiadomieniem go, bo dla niego modlitwa była na pierwszym miejscu. Najpierw był Bóg, a potem wszystko inne, łącznie z problemami świata. Kiedy papież Jan Paweł II modlił się, czynił to jak ktoś, kto naprawdę wie, o co chodzi. Zanurzał się w Bogu, prowadził z Nim dialog".

Fotograf „L'Osservatore Romano" Arturo Mari wspomina: „Modlił się wszędzie – w kaplicy, lecz również siedząc na fotelu w tak zwanych chwilach wypoczynku, które dla Niego nigdy prawdziwym wypoczynkiem nie były. Modlił się, kiedy ktoś umarł – przyjaciel, jakaś znana osoba, ofiary zamachu czy wypadku. Modlił się, kiedy dowiadywał się, że sytuacja polityczna jest poważna, kiedy w jakiejś części świata wybuchała wojna.

Modlił się, kiedy miał problem, na przykład kiedy otrzymał jakąś złą wiadomość o sytuacji, którą trzeba było rozwiązać. Natychmiast szedł do kaplicy i pozostawał w niej, aż rozstrzygnął swój problem. Modlił się również w miejscach, do których jeździł.

Jego skupienie rozumiałem wówczas jako chwile modlitwy za mieszkańców tego kraju. Wydawało się, że utożsamia się z nimi, z ich cierpieniami. Pamiętam, że w Wilnie modlił się, klęcząc przez sześć godzin bez ustanku. Pierwszą rzeczą, jaką zawsze chciał zrobić podczas części duszpasterskiej każdej pielgrzymki, była wizyta w miejscowym sanktuarium.

Szczególną czcią otaczał Najświętszą Maryję Pannę i to również było widać podczas pielgrzymek. Czarna Madonna z Jasnej Góry, Madonna z Lourdes, Madonna z Fatimy, Madonna z Guadalupe, którą sam nazwał opiekunką obu Ameryk... Zawsze podkreślał, że czuje się chroniony przez Madonnę. Również w ogrodach watykańskich podczas spacerów zatrzymywał się chętnie przed największą kaplicą poświęconą Matce Boskiej z Lourdes. Także przed posągiem Madonny z Guadalupe, który ofiarował Mu rząd meksykański. Kiedy tylko mógł, trzymał w dłoni różaniec. Podczas wycieczek w góry, podczas spacerów, również podczas konferencji, kiedy przysłuchiwał się długim przemówieniom, widać było, że trzyma rękę w kieszeni i tam przesuwa ziarenka różańca. Odpoczywał z różańcem, chodził z różańcem, wszystkim dawał różaniec w prezencie, często zapraszając ich do wspólnej modlitwy. I umarł z różańcem w ręku.

Zdarzało się, że spędzał całe noce na klęczniku, bez chwili snu. Rano widzieliśmy, że jest słabszy niż zazwyczaj i szeptaliśmy wówczas między sobą: «Dziś nie spał»...

W swojej kaplicy miał Czarną Madonnę z Częstochowy. Zarówno w kaplicy apartamentu watykańskiego, jak i w Castelgandolfo. Wizerunek watykański otrzymał w prezencie już po konklawe, natomiast obraz z Castelgandolfo czekał na niego, kiedy został wybrany, ponieważ umieścił go tam Pius XI – Achilles Ratti, który zanim został papieżem, był nuncjuszem apostolskim w Polsce. W kaplicy watykańskiej obok Czarnej Madonny był także krucyfiks i kiedy Jan Paweł II modlił się przed nim, wyglądało to tak, jak gdyby rozmawiał z Chrystusem, jak gdyby miał Go przed sobą naprawdę. I biada, jeśli modlił się w kaplicy, a ktoś wszedł i próbował Mu przeszkodzić. Te chwile były dla Niego święte. Kiedyś arcybiskup Dziwisz wszedł i chciał coś powiedzieć, kiedy Papież klęczał w kaplicy. Ojciec Święty odwrócił się, zgromił go wzrokiem i sekretarz uciekł natychmiast bez słowa. Innym razem, w Ziemi Świętej, w kaplicy Narodzenia Pańskiego było dość głośno, więc poprosił o ciszę, bo się modlił... Cała ta podróż była zresztą jedną wielką modlitwą. Wyglądał tak, jakby nie był sobą. Wydawał się nieobecny, prawie nie dotykał ziemi".

W Ziemi Świętej

Niezwykła i historyczna pielgrzymka do ziemi Jezusa pojawiała się już wiele razy na stronach tej książki. Wciąż mam przed oczami twarz Papieża i malujące się na niej wzruszenie, kiedy przed startem z lotniska Fiumicino podszedł, aby pozdrowić grupę dziennikarzy stojących w kolejce do samolotu. Zbliżał się małymi kroczkami, wspierając się na lasce, a towarzyszył mu ówczesny dyrektor watykańskiego biura prasowego Joaquin Navarro-Valls. Powiedział mu: „Ojcze Święty, dziennikarze są bardzo przejęci tą pielgrzymką...". Papież spojrzał na niego, potem na nas oczami tryskającymi radością i powiedział: „Wy przejęci? No to wyobraźcie sobie, co ja czuję...". Podczas tych marcowych dni 2000 roku naprawdę wydawało się, że Jan Paweł II „prawie nie dotykał ziemi".

Odkryliśmy, jaki był jego sekret. Jego sekretem był Bóg, całkowite zanurzenie się w Nim. Spojrzenie świadka powraca do niezapomnianej sceny, która miała miejsce 25 marca owego jubileuszowego roku.

W Nazarecie, miejscu najważniejszym, w tym „różańcu" ubogich grot wykutych w skale, gdzie znajdował się skromny dom Maryi i gdzie wszystko się zaczęło, Jan Paweł II miał odprawić mszę. Muszę powiedzieć, że żadne inne miejsce w Ziemi Świętej nie wywarło na mnie takiego wrażenia. Nazaret jest miejscem prostym, fundamentalnym, jak wszystkie miejsca autentycznie maryjne. To był jeden z najważniejszych etapów pielgrzymki jubileuszowej. Papież poruszał się już z trudem, tylko małymi kroczkami, wspierając się na lasce. Cierpiał. Cierpiał w sposób widoczny. Tamtego ranka oczekiwano go w wyższej bazylice Zwiastowania. Bazylika wypełniona była tłumem wiernych. Przed rozpoczęciem celebracji Papież miał się zatrzymać na kilkuminutowej modlitwie w małej grocie, w której wnętrzu niepozorna dziewczyna swoim „tak" wypowiedzianym dwa tysiące lat temu pozwoliła, by urzeczywistnił się nieprzewidywalny plan – wcielenie Syna Bożego. Ojciec Święty przybył do bazyliki w *papamobile* spóźniony, zmęczony. Z trudem ukląkł przed napisem: „*Hic Verbum caro factum Est* – Tu słowo stało się ciałem". Trwał pochłonięty, skupiony, zatopiony w misterium, które kontemplował, w najbardziej ubogim i prostym miejscu, gdzie wszystko się zaczęło, gdzie niebo i ziemia spotkały się ze sobą w łonie skromnej żydowskiej dziewczyny.

Czas mijał. Podeszli do niego, by dać mu do zrozumienia, że ludzie na górze czekają. Przekonali go, pomogli mu się podnieść. Odwrócił się i już miał odejść... ale nie zdołał oprzeć się wyjątkowości tego miejsca i, jakby wyswobadzając się z uchwytu swoich pilnych współpracowników, padł znowu na kolana, pogrążając się jeszcze na jakiś czas w modlitwie. Na nowo zanurzył się w Bogu.

Inne opowiadanie z tej podróży usłyszałem z ust franciszkanina, o. Giovanniego Battistellego, który w 2000 roku był kustoszem w Ziemi Świętej. „W Jerozolimie Jan Paweł II zatrzymał się w siedzibie delegata apostolskiego. Była tam winda, by móc dostać się na drugie piętro, gdzie przygotowano pokój dla niego i dla jego osobistego sekretarza bp. Stanisława Dziwisza". Ale gdy Ojciec Święty przybył do Świętego Miasta 21 marca wieczorem, rozejrzawszy się po mieszkaniu, postanowił zrobić inaczej. Przyjechał zmęczony, zobaczył rozmieszczenie pokoi. Kaplica z Najświętszym Sakramentem znajdowała się na dole, a więc nie miałby do niej łatwego dostępu. „Wysłał swojego sekretarza, by spał na parterze, bo w pokoju przygotowanym dla ks. Stanisława chciał zrobić miejsce dla Najświętszego Sakramentu, żeby móc medytować i modlić się, klęcząc przed konsekrowaną hostią również w nocy". I tak wierny sekretarz musiał ustąpić miejsca Jezusowi i zgodzić się, by to On czuwał nad starym i chorym Papieżem, umożliwiając temu ostatniemu kontynuowanie jego nieprzerwanego dialogu z misterium w tych jakże ważnych dniach, w Świętym Mieście, gdzie Chrystus przelał swoją krew, pozwalając się ukrzyżować dla zbawienia człowieka.

Właśnie, modlitwa. Teraz to grób papieża Jana Pawła II zasypywany jest prośbami zapisanymi na kartkach przez tylu ludzi, którzy modlą się do niego jak do świętego. Ale całe życie Papieża, kiedy jeszcze przebywał na tym świecie, wypełnione było bilecikami i prośbami. Dostawał je w niezliczonych ilościach. Prosił siostry, by kładły je na klęczniku w prywatnej kaplicy, gdzie spędzał długie godziny pogrążony w ciszy. Trzymał je fizycznie blisko siebie, prosząc Boga, aby modlitwy te zostały wysłuchane.

Benedykt XVI, następca Jana Pawła II, chcąc uczcić jego pamięć, nie ograniczył się do błagania go o wstawiennictwo z nieba; posłużył się również sformułowaniami, które zobowiązują: „Jak u Jezusa, również u Jana Pawła II słowa na koniec ustąpiły miejsca ostatecznej ofierze, darowi z siebie". O tym darze i poświęceniu Jan Paweł II mówił w swoich wspomnieniach: „Można czasem usłyszeć głos kogoś, kto broni władzy biskupiej rozumianej jako pierwszeństwo: to owce mają iść za pasterzem mówi – mówi – a nie pasterz za owcami. Można się z tym zgodzić, ale w tym sensie, że to pasterz ma iść przodem i oddawać życie za owce swoje; ma być pierwszy w ofierze i oddaniu" (*Wstańcie, chodźmy!*). To słowa, które Ojciec Święty wcielił w życie nie tylko przy okazji strasznego zamachu w 1981 roku, ale także w czasie długiej choroby, w czasie niekończącej się drogi krzyżowej. Świat mógł się o tym przekonać w ostatni Wielki Piątek, widząc Papieża wyniszczonego przez cierpienie, filmowanego od tyłu, jak z całych sił chwyta się krzyża, jak powierza siebie samego krzyżowi.

Za Bożym globtroterem czy Papieżem „wojującym" kryje się więc najbardziej autentyczne oblicze Jana Pawła II – człowieka, który umiał sprawić, by nadprzyrodzone światło zajaśniało w zwyczajnych, ludzkich sprawach. Tak jak wówczas, gdy miał zjeść obiad z jednym z włoskich biskupów. Prałat dotarł do papieskiego apartamentu z opóźnieniem, tłumacząc się, że spotkał w Bazylice św. Piotra swojego eks-księdza, który od siedemnastu lat żył jak kloszard, i zatrzymał się, by z nim porozmawiać. Papież kazał mu pójść go poszukać i przyprowadzić do stołu. Kloszard, zakłopotany i onieśmielony, zjadł obiad w towarzystwie Ojca Świętego. Po skończonym posiłku Papież zapytał go: „Wyspowiadasz mnie?". Odpowiedział: „Tak", a na jego twarzy malowało się niedowierzanie i radość. Po tym spotkaniu kloszard powrócił do funkcji kapłańskich i nikt nie zadawał mu żadnych pytań dotyczących przeszłości. Taki był Jan Paweł II, człowiek „zanurzony w Bogu".

Jest jednak jeszcze jeden epizod, nieznany, ale istotny, który przekazał mi w darze były kustosz Ziemi Świętej, o. Battistelli, uprzywilejowany świadek podróży Jana Pawła II do ziemi Jezusa. Chodzi o kulisy wydarzeń z ostatniego dnia podróży. Rzecz dotyczy wizyty w bazylice Grobu Świętego. To ostateczny, najistotniejszy cel każdej pielgrzymki do Ziemi Świętej. Miejsce, gdzie zostało złożone ciało Zbawiciela po tym, jak zdjęto je pośpiesznie z krzyża z uwagi na rozpoczynający się Szabat. Wnęka wykuta w skale, w której ciało Jezusa pozostało aż do sobotnio-niedzielnej nocy i z której Chrystus wyszedł zmartwychwstały. „Papież wszedł do bazyliki i, pochylając się, z trudem zdołał przejść przez niewielkie drzwi kaplicy prowadzące do właściwego miejsca grobu. Pozostał, modląc się na kolanach, oparty o marmurową płytę, która przykrywa skałę, gdzie złożono ciało. Wychodząc, jeszcze we wnętrzu bazyliki, Jan Paweł II podniósł oczy i dostrzegł po swojej lewej stronie schody prowadzące na Golgotę. Strome i śliskie schody prowadzące na skałę, gdzie według bardzo starej i zawsze żywej tradycji postawiono krzyż. Tak jak inne historyczne miejsca chrześcijaństwa, stare i bardzo nam drogie, również i to zostało zniszczone przez cesarza rzymskiego Hadriana, który zrównał z ziemią Jerozolimę, aby następnie samemu ją odbudować. Hadrian zniszczył i zasypał miejsce śmierci i zmartwychwstania Jezusa i wzniósł tam świątynię pogańską. To dzięki wykopaliskom zainicjowanym przez matkę cesarza Konstantyna, Helenę, odnaleziono milczące, lecz jakże wymowne ślady wydarzeń, o których mówi Ewangelia. To ona znalazła w jakimś zbiorniku na wodę krzyż, dziś znajdujący się w podziemiach bazyliki".

Jan Paweł II, kierując się w stronę wyjścia, podniósł wzrok w stronę Kalwarii, białej skały w kształcie czaszki, dzisiaj wkomponowanej w wyższe piętro bazyliki.

„Papież zapytał mnie: «A tam, na Golgotę, nie idziemy?» – opowiada Battistelli. – Odpowiedziałem, że jesteśmy spóźnieni, że nie mamy czasu. Czekano na nas z obiadem w patriarchacie łacińskim. Myślałem, że sprawa jest załatwiona, że zrozumiał, że spełnienie jego pragnienia nie było możliwe. W czasie obiadu zauważyłem jednak, że Papież daje mi ręką znak, bym do niego podszedł. Powiedział mi: «Chcę wrócić do bazyliki Grobu Pańskiego i wejść na Golgotę». Odpowiedziałem, że zaraz się dowiem, co można zrobić. Rozmawiałem o tym z sekretarzem bp. Stanisławem Dziwiszem i nuncjuszem apostolskim bp. Pietro Sambim. Ten ostatni powiedział mi, że to niemożliwe, że nie ma czasu, poza tym nie dałoby się tego zorganizować, bo nie uwzględniono tego w programie, nie można wieźć Papieża z powrotem do bazyliki, bo trzeba by znów stawiać na nogi całą policję... Pamiętam, że bp Dziwisz upomniał mnie żartobliwie, mówiąc: «Powiedz Papieżowi, że już tam byliśmy»". Ojciec Battistelli wrócił więc do Ojca Świętego, by przedstawić mu wszystkie trudności i wytłumaczyć raz jeszcze, że spełnienie jego życzenia nie jest możliwe. Nie zapominajmy, że rozgrywało się to ostatniego dnia podróży i po południu Jan Paweł II wraz ze swym orszakiem miał wracać do Rzymu.

„Papież był jednak nieugięty. Wysłuchał. Potem odczekał chwilę i powiedział zdecydowanie: «Ja chcę iść na Golgotę»". Kustosz Ziemi Świętej był więc zmuszony wrócić do sekretarza papieskiego i do nuncjusza apostolskiego, ale po raz kolejny zostały mu przedstawione wszystkie trudności, zarówno wynikające z harmonogramu, jak i te logistyczne. Współpracownicy nie ustąpili, mając nadzieję, że to Jan Paweł II się ugnie.

„Wreszcie wstaliśmy od stołu. Ojciec Święty wsiadł do samochodu i znowu mnie zawołał: «A więc idziemy na Golgotę?». Odpowiedziałem mu, że się nie da. Wtedy on kazał zawołać nuncjusza. Biskup Sambi wyjaśnił mu, że to niemożliwe: «Nie ma czasu, Wasza Świątobliwość – powiedział. – Trzeba wracać...». Papież odpowiedział: «Ruszę się stąd tylko po to, aby wrócić do Bazyliki Grobu...». «Ale potrzeba przynajmniej całego dnia, aby wszystko zorganizować» – rzekł nuncjusz. A Papież na to: «Dobrze, to by znaczyło, że wracamy jutro, nie dzisiaj. Zawieźcie mnie na Golgotę». To mówiąc, chwycił bp. Sambi za nadgarstek i mocno ścisnął". Jan Paweł II był stary i chory, ale uścisk ręki na nadgarstku nuncjusza był jeszcze silny – przekazał watykańskiemu dyplomacie całą determinację biskupa Rzymu. Podróż do Ziemi Świętej była pielgrzymką, która w jakiś sposób wieńczyła pontyfikat, była etapem ostatecznym. Papież dobrze wiedział, że już nigdy do Ziemi Świętej nie wróci. Nie chciał wyjeżdżać z Jerozolimy, nie pomodliwszy się w miejscu, gdzie zatknięty był krzyż, *dulce lignum* nasączone krwią Syna Bożego. Na koniec Papież postawił na swoim. Orszak wrócił do bazyliki w związku z nieoczekiwaną zmianą w programie, z powodu której dziennikarze przez godzinę wstrzymywali oddech, zaniepokojeni opóźnieniem w rozkładzie. Rozeszła się pogłoska, że Ojciec Święty nagle źle się poczuł. Jednak nie było żadnego pogorszenia stanu zdrowia, tylko determinacja pasterza, który mimo swojego wieku i związanych z nim dolegliwości nie pozwolił, aby minuta po minucie ustalano mu dokładnie cały plan dnia, i który pragnął oddać część Jezusowi w miejscu, w którym dokonały się Jego straszliwe cierpienia. I tak w meleksie, który bez trudu poruszał się po wąskich uliczkach starej Jerozolimy, Papież znów wjechał na teren bazyliki Grobu Pańskiego. Dotarłszy do stromych i śliskich schodów, Jan Paweł II poprosił o pomoc i podtrzymywany przez współpracowników wyszedł na miejsce, w którym stanął krzyż Chrystusa. „Prawosławni byli niezwykle uprzejmi – wyznaje o. Battistelli. – Przynieśli fotel i klęcznik swojego patriarchy i oddali Papieżowi do dyspozycji". W ten sposób dzięki uporowi przed wyjazdem z Jerozolimy Ojcu Świętemu udało się zrealizować swoje marzenie.

Mistyczne dary i zanurzenie w Bogu

Zanurzenie w Bogu, ustawiczna modlitwa, w której wszystko było zawarte, zawierzone, przemienione. I cała seria darów mistycznych, o których wiemy jeszcze zbyt mało. W pierwszym rozdziale tej książki pisałem o modlitwie wlanej, darze otrzymanym przez Karola Wojtyłę w dniu święceń kapłańskich. Opisałem szczególną więź, jaka łączyła Papieża z Maryją, głębię jego spojrzenia na wydarzenia historii. Teraz, kończąc nasze rozważania, chcę pójść krok dalej. W jakiś sposób ukoronować to, co starałem się na tych stronach zbadać i opisać?

Pomoże nam w tym polski kapłan, stosunkowo bliski otoczeniu zmarłego Papieża, który stoi na czele „Vatican Service News", współpracuje z mediami katolickimi i często podróżuje papieskim samolotem. Nazywa się Jarosław Jan Cielecki, dla wszystkich „ksiądz Jarek". Urodził się w parafii w Niegowici, gdzie Karol Wojtyła, gdy tylko powrócił w 1948 roku z Rzymu, został mianowany wikarym. Ksiądz Jarek, z którym odbywaliśmy wspólnie wiele podróży w orszaku Jana Pawła II, a potem także jego następcy, opowiada nam o modlitwie Ojca Świętego. „Jego sposób modlitwy był bardzo szczególny. W ostatnich latach nie wypuszczał prawie z rąk różańca. Ale najbardziej rzucała się w oczy, i to od jego wczesnych młodych lat, inna cecha: zwykle modlił się, i to całymi godzinami, rozciągnięty na posadzce przed ołtarzem. Wielu ludzi z parafii dobrze to pamięta".

Sam Jan Paweł II w cytowanej książce *Dar i Tajemnica* mówi o tego rodzaju modlitwie i o leżeniu krzyżem kandydatów do kapłaństwa w czasie święceń: „Mający otrzymać święcenia pada na twarz, całym ciałem, czołem dotyka posadzki świątyni, a w tej postawie zawiera się wyznanie jakiejś całkowitej gotowości do podjęcia służby, jaka zostaje mu powierzona. Ceremonia ta pozostawiła głęboki ślad w moim życiu kapłańskim. (...) W tej postawie leżenia krzyżem przed otrzymaniem święceń wyraża się najgłębszy sens duchowości kapłańskiej: tak jak Piotr, przyjąć we własnym życiu krzyż Chrystusa i uczynić się «posadzką» dla braci". Ten sposób modlitwy, to pełne, całkowite przyjęcie woli Bożej, bezwarunkowa zgoda na plany nieba, cechowało całe jego życie jako kapłana, biskupa i powszechnego pasterza.

Jednak ks. Jarek wspomina inny szczegół związany z modlitwą wlaną. Świadkowie, którzy widzieli go podczas modlitwy, mają do dziś w pamięci jego oczy. „Kiedy modlił się, jego spojrzenie nie ginęło gdzieś w pustce jak nasze, kiedy się modlimy; jego oczy zdawały się spoglądać na coś. Nieco później powiedziano mi, że kiedy działo się coś ważnego, on podchodził do ołtarza lub do obrazu Matki Bożej Wniebowziętej... i mówił tak, jakby rozmawiał ze stojącym przed nim człowiekiem". Ksiądz Jarek zrelacjonował to wszystko ostatnio Antonio Socciemu, który opowiada o tym w swojej książce *Tajemnice Jana Pawła II*.

Kardynał Andrzej Deskur, kolega z seminarium i wielki przyjaciel Ojca Świętego, opisywał coś podobnego. „On żył, modląc się... Kiedy jako seminarzyści przebywaliśmy w kościele na modlitwie, każdy z nas prędzej czy później rozpraszał się, zaczynał się rozglądać dookoła, patrzeć, kto wchodzi. To naturalne zjawisko i dotyczy prawie wszystkich, lecz nie jego. Karol wydawał się być cały czas po tamtej stronie, w innym wewnętrznym wymiarze. Przebywał w świecie Boga. Nigdy nie zauważyłem u niego roztargnienia podczas modlitwy. Ta żarliwość cechowała jego życie już wówczas, kiedy będąc studentem, pracował jako robotnik w kamieniołomie, a potem w Solvayu".

„Mamy wiele świadectw dotyczących siły jego modlitwy czy też postaw, jakie przyjmował podczas modłów, na przykład rozciągnięty na podłodze – stwierdził w wywiadzie dla «Corriere della Sera» ks. Sławomir Oder, postulator procesu beatyfikacyjnego – i tego, że modlił się na głos także kiedy był sam, jak gdyby rozmawiał z Bogiem. Zdarzało się, że kiedy z innego pokoju lub korytarza słychać było, jak mówi podczas modlitwy, można było sądzić, że z kimś rozmawia, i on rzeczywiście rozmawiał głośno z Panem, prowadził dialog z Bogiem, podobnie jak wielu mistyków".

To jednak nie wszystko. Te fragmenty świadectw są cenne, ale zatrzymują się jakby przed ostatnim progiem. Tak, ponieważ stwierdzenie, iż Jan Paweł II modlił się i jakby rozmawiał z kimś rzeczywistym, może oznaczać, że modląc się żarliwie, wiedział, że rozmawia z Bogiem, Jezusem czy Maryją. Ale nie dowodzi, że rzeczywiście widział ich czy naprawdę z nimi rozmawiał. Socci relacjonuje, że pewien watykański dostojnik powiedział kiedyś: „My dobrze wiemy, że Matka Boża przemawia do Papieża, chociaż on tego nie rozgłasza". A przy innej okazji komuś, kto chciał przekonać Ojca Świętego do swoich pomysłów, ten sam dostojnik odpowiedział: „On jest posłuszny tylko Matce Bożej, czyni tylko to, co Ona mu powie...".

A zatem Jan Paweł II, papież mistyk, papież, który rozpoznał się w tajemnicy fatimskiej, papież wielkiej pobożności maryjnej, miał objawienia?

Wydaje się potwierdzać to pewna wypowiedź s. Łucji dos Santos, wizjonerki z Fatimy. Pewnego razu kard. Deskur udał się do Portugalii i odwiedził karmelitankę w klasztorze klauzulowym w Coimbrze. Na zakończenie rozmowy kardynał zapytał siostrę Łucję, czy ma Papieżowi przekazać coś od Maryi. Wizjonerka odpowiedziała: „Nie, nie, Madonna sama się tym zajmie...".

Ksiądz Jarosław Cielecki przekazał nam jeszcze jeden epizod, znaczący i wiele wyjaśniający, który miał miejsce w 1997 roku, na krótko przed wyjazdem Jana Pawła II do Paryża na XII Światowy Dzień Młodzieży. Kościół przygotowywał się do Wielkiego Jubileuszu Roku 2000. Udręka, jaką powitało nas nowe millennium po dramatycznych samobójczych atakach na wieże World Trade Center 11 września 2001 roku, była jeszcze odległa. A jednak Papież wiedział...

Ksiądz Jarek dowiedział się tego, co chce opowiedzieć, od jednego z najbliższych współpracowników Ojca Świętego, od człowieka, który wówczas mieszkał obok niego. „Pewnej nocy – było to w sierpniu 1997 roku, w wigilię podróży do Paryża na XII Światowy Dzień Młodzieży – bliski współpracownik Papieża usłyszał odgłosy dobiegające z pokoju Ojca Świętego. Podszedł cicho pod przymknięte drzwi... Pokój był oświetlony, światło przenikało przez szparę w drzwiach... ale nie było to światło naturalne... Dostrzegł, że Papież leży na podłodze i modli się, tak jak to miał w zwyczaju, z rozkrzyżowanymi rękami, zaś nad nim i przed nim błyszczy owo nienaturalne światło".

Po cichu, na palcach, tak jak zszedł, współpracownik Papieża wycofał się do siebie na górę. Rano przy śniadaniu nie wytrzymał i niemal uczynił Papieżowi wyrzuty. „Wasza Świątobliwość – powiedział – jutro udajemy się w podróż do Francji... W nocy trzeba odpocząć". W ten sposób uczynił dyskretną aluzję do tego, co widział w nocy. „Na to Papież spojrzał na niego i odrzekł: «Gdybyś wiedział to, co ja wiem, to spędziłbyś noc, modląc się wraz ze mną»".

Papież „wiedział", Papież „widział" – dalej, w tamtym wymiarze. W świetle tego wszystkiego powinniśmy być może odczytać na nowo wiele słów i gestów jego pontyfikatu: wielkie staranie zaangażowania religii w dzieło pokoju i dialogu; jego wielką pasję ekumeniczną; stawianie na młodych i wzywanie ich do odpowiedzialności; stanie z odsłoniętym mieczem w obronie życia od jego wzejścia do naturalnego zmierzchu, jego batalię o godność osoby ludzkiej.

Papież Jan Paweł II nie był pasterzem, który jedynie prowadzi i naucza. Niósł na sobie straszliwą odpowiedzialność człowieka, który umie zobaczyć dalej, intuicyjnie wyczuwa niebezpieczeństwa, przygotowuje swoje dzieci, by stawiły im czoło, próbuje zaopatrzyć swoje dzieci w duchowy oręż, aby przezwyciężyły kryzys. Jego dramatyczny pontyfikat rozpoczął się, gdy świat podzielony był na dwa bloki, naznaczony. To także i przede wszystkim dzięki tajemniczym i niezbadanym drogom modlitwy wschodnie reżimy rozpadły się w sposób bezkrwawy. Ale ich koniec nie oznaczał okresu pokoju i dobrobytu dla świata. Stało się tak nie tylko z powodu ogromnych dysproporcji między krajami biednymi i bogatymi, ale również w związku z powstaniem zagrożenia terrorystycznego i podżeganiem do nienawiści w imię Boga, wypaczonym i bluźnierczym używaniem religii.

Papież „wiedział" i „widział", a przede wszystkim cierpiał. Papież naprawdę „rozmawiał" z Bogiem i otrzymywał wiadomości bezpośrednio z nieba. Właśnie dlatego na koniec Jubileuszu Roku 2000, kiedy nikt jeszcze nie mógł sobie wyobrazić, co stanie się we wrześniu następnego roku, Ojciec Święty w obecności figury Madonny z Fatimy i tysiąca pięciuset biskupów przybyłych ze wszystkich stron świata powiedział: „Żyjemy w niezwykłej epoce, porywającej i zarazem pełnej sprzeczności. Ludzkość dysponuje dziś niesłychanie skutecznymi środkami, którymi może zamienić świat w kwitnący ogród albo obrócić go w ruinę". I dodał: „Posiadła niezwykłe możliwości oddziaływania na same źródła życia: może je wykorzystywać ku dobru, w granicach zakreślonych przez prawo moralne, ale może też iść za głosem krótkowzrocznej pychy, która każe nauce odrzucać wszelkie ograniczenia i prowadzi ją nawet do podeptania szacunku należnego każdej istocie ludzkiej. Dzisiaj bardziej niż kiedykolwiek w przeszłości ludzkość stoi na rozdrożu".

Jeszcze dziś, po upływie kilku lat od śmierci Jana Pawła II, ludzkość stoi na rozdrożu. I polski papież, który całe swoje życie przeżył zanurzony w Bogu i kształtowany przez Maryję, nie przestaje wstawiać się z nieba, aby jego dzieciom, całej ludzkości, Bóg nadal okazywał miłosierdzie.

Bibliografia

Campanella Stefano, *Papież i zakonnik*, San Giovanni Rotondo 2005.

Dziwisz Stanisław kard., *Świadectwo*, Warszawa, 2007.

Frossard André, *„Nie lękajcie się!". Rozmowy z Janem Pawłem II*, Kraków 1983.

Jan Paweł II, *Dzieła zebrane*, Kraków 2006.

Jan Paweł II, *Dar i Tajemnica*, 1996.

Jan Paweł II, *Przekroczyć próg nadziei*, Lublin 1994.

Jan Paweł II, *Wstańcie, chodźmy!*, Kraków 2004.

Karol Wojtyła, *Kazania 1962-1978*, Kraków 1979.

Karol Wojtyła, *Poezje, dramaty, szkice*, Kraków 2007.

Karol Wojtyła, *Znak, któremu sprzeciwiać się będą*, Poznań-Warszawa 1976.

„L'Osservatore Romano", wyd. polskie, 1980-2008.

Mari Arturo, *Do zobaczenia w raju*, Warszawa 2007.

Socci Antonio, *Tajemnice Jana Pawła II*, Kraków 2009.

Socci Antonio, *Ojciec Pio. Tajemnica życia*, Częstochowa 2009.

Weigel George, *Świadek nadziei. Biografia papieża Jana Pawła II*, Kraków 2005.

Spis treści

Pamiętny 16 października... 7

1. Papież z dalekiego kraju 23
2. Wcielona katecheza 51
3. Karol Wojtyła i Ojciec Pio, przyjaźń świętych 115
4. Łaski, uzdrowienia, „cuda". Za życia i po śmierci 167
5. Ostatnie Corpus Domini 231

Bibliografia 269

„*Wiemy, że Matka Boża przemawiała do Papieża, chociaż On o tym nie mówił...*"

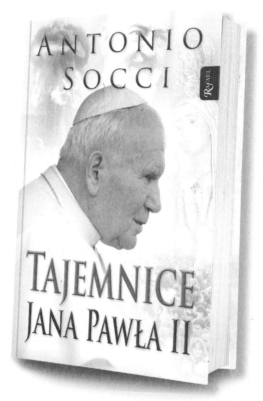

„Karol Wojtyła od 26. roku życia doświadczał przeżyć mistycznych!".

Ta sensacyjna informacja uzyskana przez autora w rozmowie z kard. Deskurem, wieloletnim przyjacielem polskiego papieża, staje się pretekstem do dalszego zbadania tej niezwykłej wiadomości. Potwierdzenia szuka nie tylko w relacjach kolejnych świadków, ale także pośród nadprzyrodzonych wydarzeń i znaków towarzyszących posłudze Jana Pawła Wielkiego – jak sam go określa autor. Wyniki tego śledztwa są absolutnie zaskakujące! Rzucają zupełnie nowe światło na rolę, jaką odegrał Jan Paweł II w dziejach świata, nie tylko jako wybitny przewodnik duchowy, ale i człowiek mający realny kontakt z Bogiem w wymiarze, który trudno sobie wyobrazić...

więcej na stronie: www.tajemnicejp2.pl